致富的科學

打造顯化財富的精準思維，
億萬富翁床頭必備的成功寶典
The Science of Getting Rich

華勒斯‧華特斯（Wallace D.Wattles）／著
吳妍儀／譯
愛必／清單撰寫

目錄

推薦序
致富＝目標＋信念＋願景＋感恩＋高效率的行動　　　　　007

作者序　　　　　011

第 一 章　致富的權利　　　　　017
　　　◎ 有錢，才能完整活出自我
　　　◎ 致富能讓身心靈得到最佳的發展

第 二 章　致富的科學是存在的　　　　　031
　　　◎ 環境、才華並不是致富的必要條件
　　　◎ 條件好會讓致富變快，但不是絕對

第 三 章　機會被獨占了嗎？　　　　　041
　　　◎ 學會順應機會潮流
　　　◎ 宇宙中的資源無窮無盡

第 四 章　致富科學的第一原則　　　　　　　　053

◎　所有事物都是思考的具現化

◎　貧窮、病痛只是表象，
　　真相是你健康又富有

第 五 章　活出生命的更多更好　　　　　　　069

◎　想要更多，是每個生命的渴望

◎　宇宙要你致富，才能透過你活出更多

◎　競爭心態會讓你失去創造的力量

第 六 章　財富如何來到你身邊　　　　　　　089

◎　給予別人比應得更多的價值，
　　讓世界上每個生命都成長

◎　打造渴望的心像，並無條件信任

第 七 章　感激　　　　　　　　　　　　　　105

◎　感激能拉近你和宇宙的距離

◎　感激能防止你吸引負能量到身邊

第 八 章　用特定方式思考　　　　　　　　　119

◎　把渴望聚焦成清晰的心像才能成功

◎ 用已經擁有的口吻來談論你的願景

第 九 章　如何運用意志　　　　　　　　　　　133

◎ 不要試圖把意志加諸在他人或神的身上，
　用在自己身上就好

◎ 不要談論貧窮、關心貧窮，
　連想都不要想

第 十 章　進一步運用意志　　　　　　　　　147

◎ 世界終會擺脫貧困，
　專注致富是你最高貴的目標

◎ 親身示範致富之路，
　是你給他人最好的禮物

第 十 一 章　用特定方式行動　　　　　　　　161

◎ 用行動來接收流向你的財富

◎ 現在行動是最重要的

第 十 二 章　有效率的行動　　　　　　　　　177

◎ 讓每一天都是成功的一天

◎ 追求有效率的行動，而不是越多越好

第十三章　進入正確的行業　　193

　◎ 欲望是力量的顯化，
　　當你強烈想做就已經具備能做的力量

　◎ 不要倉促轉行，你永遠都不會缺乏機會

第十四章　變得更好更多的印象　　207

　◎ 把創造更多更好的力量帶給其他人

　◎ 小心支配他人和上位的想法
　　會落入競爭思維

第十五章　進步中的人　　219

　◎ 堅持願景、堅持成長、傳遞富有

　◎ 信念和決心會為你帶來出路

第十六章　一些提醒，以及觀察總結　　233

　◎ 不要擔心被嘲弄，
　　不要現在操心未來的阻礙

　◎ 堅持信念，你會發現失敗只是表象

第十七章　致富的科學摘要　　249

致富 = 目標 + 信念 + 願景 + 感恩 + 高效率的行動

愛瑞克（TMBA 共同創辦人、《內在原力》系列作者）

　　標題這一條公式道盡了有關致富的一切要件，如果還有其他，或許就是次要的了。過去三十年來，我曾拜讀過許多和成功、致富相關的國內外書籍，各有不同立論基礎以及實例佐證，然而很少有一本書可以經過一百年以上的時間考驗，仍持續受到人們推崇，《致富的科學》即是成功學經典中的經典。

　　我是理工背景出身的人，從小也鍾情於科學實驗，對於科學有一種難以言喻的熱愛。多年前我第一次接觸到此書，也是第一次看到把「致富」與「科學」結合的論述，乍看之下相當不解。因為在我的刻板印象中，致富是一種個人的行為，偏向社會學

以及經濟學領域，與自然科學很難有交集。經過深讀，我理解了作者所認為的致富是以「特定方式」做事的結果，與環境、天分、節儉、資本、從事的生意沒有絕對的關係。

　　任何一個人只要能依照書中「特定方式」做事，就會比其他人更容易致富，而作者所提出的論點，確實也是我大量研讀相關著作，並觀察國內外諸多成功人士之後，所認同的共識。廣義來說，社會學和經濟學也都屬於科學的範疇，而關鍵在於要能夠系統化，符合邏輯的方法加以解析、驗證。作者進一步提出「致富＝目標＋信念＋願景＋感恩＋高效率的行動」的公式，儘管很難 100% 驗證為真理，但在社會科學中只要信度和效度達到一定水準之上，即具有參考價值。

　　在自然科學領域中，我最喜愛的一條公式是愛因斯坦所提出的 $E=mc^2$，多麼簡潔有力啊！這個理論經過了一百多年來的驗證，已經被視為真理，而我對它的熱愛，更加以延伸到生活應用。我常在公

開的演講時分享這個觀點：「金錢屬於物質，但是也可以轉換為能量。當我們用金錢來幫助他人，獲得的感恩和祝福就是一種無形的能量。」佛家說：「萬般帶不走，唯有業隨身。」金錢就是帶不走的，但是我們幫助他人所造的好業，是跟隨著我們靈魂旅程的。

感恩，是人際之間（甚至宇宙星際之間）最強大的能量之一，也是此書致富公式的要素之一。一個懂得感恩的人，是更容易獲得他人的相助、更容易成功的人。我對這樣的信仰深植內心、奉行不悖。要把致富的公式簡化成一條 $E=mc^2$，或許稍有困難，但是此書作者所提出的公式則令我折服——能把致富的條件精簡到這幾個要素，即是一大創舉！

至於目標、信念、願景、高效率的行動，這些致富公式中的其他要素，在拙作《內在原力》、《原力效應》書中也都是扮演了關鍵的因素，因此對於一百多年前《致富的科學》已經深談了這些要素，

讓我不得不佩服！當然，我也無法保證此書中的致富公式一定能 100% 讓每一個人致富，但是如果有八成以上的讀者因為實踐此書的方法而改善了財務狀況，這樣的價值也就不言而喻。

此書還有一個亮點。在這一版的每一章最後還多加了「致富練習」，雖然並非屬於作者原著，但是對於幫助讀者去理解每一章的重點、檢視自己的狀況並且加以活用，是相當有幫助的。我也鼓勵此書的每一位讀者，不要只是讀，而更要積極的去做，「高效率的行動」即是致富要素之一啊！

市面上談論如何致富的書籍並不算少，但我確信《致富的科學》是我所讀過最喜歡的一本，也誠摯推薦給您！

作者序

本書講求用，而非哲學；這是一本實用手冊，而非建築在理論上的專論。此書是寫給對金錢需求最為迫切的男男女女；他們希望先致富，之後才談哲學。這本書針對的對象，是迄今找不到時間、手段與機會去深入研究形上學，卻想要得到結果，並且願意把科學結論當成行動基礎、不去深究全部推導過程的人。

在我的預期中，讀者會基於信念接受這些基本陳述，就好像他會接受一條關於電流行為定律的陳述，只要是由馬可尼或者愛迪生這類人物發表的；而且，在憑著信念接受這些陳述之後，他會毫無恐懼或猶豫地奉行這些信念，藉此證明這些陳述的真實性。這麼做的每位男女，肯定都會致富；因為在此應用的科學是一門精確科學，不可能失敗。不過，為了造福那些希望探究哲學理論，並藉此確保信念有邏輯基礎的人，我在此引述某些權威人物的話。

宇宙一元論（monistic theory of the universe）講的是「一即全部，全部即一」，也就是一個

「實體」（Substance）把自己顯化成物質世界中乍看繁多的元素，這個理論源自印度教，兩百年來已逐漸進入西方世界的思維之中。這是所有東方哲學的基礎，也是笛卡兒（René Descartes）、史賓諾沙（Baruch de Spinoza）、萊布尼茲（Gottfried Wilhelm Leibniz）、叔本華（Arthur Schopenhauer）、黑格爾（Georg Wilhelm Friedrich Hegel）與愛默森（Ralph Waldo Emerson）哲學的基礎。會鑽研這種哲學基礎的讀者，建議你自行閱讀黑格爾與愛默森。

在寫這本書時，我犧牲了所有其他考量，為了維持風格上的平易簡潔，好讓所有人都能理解。書中提出的行動計畫是從哲學的結論推導出來的，行動計畫已經仔細測試過，並且經得起現實試驗中的最高測試；它是有效的。如果你想知道是怎麼得到這些結論的，請閱讀上述那些作者的著作；如果你想在實踐上擷取他們的哲學果實，請讀這本書，並且確實照做。

致富練習

【覺察吸引力法則】

1. 在序言中，作者提到：「在我的預期中，讀者會基於信念接受這些基本陳述……而且，在憑著信念接受這些陳述之後，他會毫無恐懼或猶豫地奉行這些信念……這麼做的每位男女，肯定都會致富。」你相信嗎？為什麼？你在現實世界有看過任何證據嗎？

2. 你目前的金錢現況如何？列出大略的資產與負債。

請在從 1 到 10 的量尺上（1 表示「超級貧窮」，10 表示「超級富足」），評估你的金錢現況。

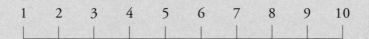

3. 承上題，檢視自己對於金錢的想法或信念，你認為是什麼樣的信念造成了目前的現況？如果在問題 2 的評估較低，你認為自己不夠富足的原因是什麼？

4. 作者提到了致富的科學是基於「一即全部，全部即一」，你和物質世界的萬物都是唯一生命體自身的顯化和延伸，花點時間了解這個理論，並簡單說明你的發現。

5. 作者鼓勵你閱讀本書並確實照做。你願意先相信
   並採用作者提出的致富法則嗎？為什麼？

   ....

6. 把你現在覺察到可能會妨礙實踐書中建議的任何
   阻礙（例如沒時間、下班很累、家裡事情很多
   等），列成一張清單。

   ....

7. 清除障礙可以很簡單，像是一天花三十分鐘專注
   在本書在的精彩練習。在繼續讀這本書的同時，
   對於你在問題 6 列出的每個障礙，請一一列出本
   書中提供的障礙移除工具。

   ....

第 一 章 ————————————————

致富的權利

有錢，才能完整活出自我

無論說什麼來稱讚貧窮，事實上，一個人要是不有錢，就不可能過著真正完整或成功的生活。沒有錢，任何人都無法發揮自身才華或靈魂的最高潛力；因為要舒展靈魂與發展才華，必須擁有許多可用的東西，而要擁有這些東西，就得有錢去買。

一個人透過利用各種東西來發展心智、靈魂與身體，而社會的組織就是這樣，讓人必須有錢才能變成物品的主人；因此，人類所有進步的基礎必定在於致富的科學。

所有生命的目的都是發展，而每一個生命都擁有不可被剝奪的權利，在取得範圍內達到所有的發展。人的生命權利，意味著他們有權自由不受限地運用所有可能的必要事物，好完整舒展他們的心智、靈魂與身體；換句話說，就是他致富的權利。

在這本書裡，我不會用比喻的方式來談論財

富；真正的富有並不表示對一丁點東西就感到滿意或滿足。如果一個人能夠運用更多、享受更多，就不該滿足於一丁點。大自然的目的在於生命的進步與舒展；而每個人都應該擁有一切能夠進步、舒展的力量，那是生命的優雅、美與富足。滿足於較少的事物，是有罪的。

一個人若是擁有他想要的一切，可以去過他能過的任何生活，就是富有的；要是沒有豐沛的金錢，沒人能擁有他們想要的一切。生命已經進展到這麼遠的境界，又變得這麼複雜，就連最普通的男女都需要大量財富，才能堪稱以接近完整的方式活著。每個人都自然而然的想要變成他們能夠成為的一切，這種實現與生俱來可能性的渴望，是深植在本能中的；我們忍不住想要成為我們能夠成為的一切。生命中的成功，就是變成你想成為的樣子，你只能夠利用種種事物去變成你想成為的樣子，而你只有在夠有錢的時候才能買下那些事物並自由運用它們。因此，了解致富的科學是所有知識中最基本的。

致富能讓身心靈得到最佳的發展

渴望致富沒什麼不對。對財富的欲望，其實是對於更富足、更完整也更豐盛的人生的欲望；而那種欲望是值得讚揚的。不渴望活得更豐盛的人是不正常的，所以不渴望擁有夠多金錢買下所有想要東西的人，也是不正常的。

我們活著有三個動機，為了身體、為了心智、為了靈魂而活。這三個動機，沒有哪一個比其他動機更好或更神聖，它們全部令人嚮往。而身心靈這三者中，如果有任何一個無法完全表達或縮短，就沒有一個能夠活得完整。只為靈魂而活，否定心智或身體，並不正確或顯得高貴；為了心智而活，否定身體或靈魂，也是錯誤的。

我們全都熟悉為了身體而活卻否定心智與靈魂的可憎後果；我們也知道真正的生命，意味著一份完整的表達，是一個人透過身心靈給予出的一

切。無論一個人口頭上怎麼說，沒人能夠真正快樂或滿足，除非他身體的每個功能都充分發揮作用，而且心智與靈魂層面也一樣。只要還有沒能表達的可能性，或者沒能發揮的功能，就會有沒被滿足的欲望。欲望就是尋求表達的可能性，或是尋求發揮的功能。

在身體方面，缺少了良好食物、舒適衣著、溫暖居所，以及免於過度勞累的自由，人無法完整地活著。休息與娛樂對於身體來說，也是必要的。

在心智方面，少了書籍以及研讀書籍的時間，少了旅行與觀察的機會，或者少了知性上的伴侶，也無法活得完整。在心智上活得完整，人要有知性娛樂，身邊也要充滿能夠使用、欣賞的所有藝術性與美的事物。

要讓靈魂活得完整，就必須擁有愛，而貧窮會剝奪愛的表達。一個人至高的幸福，就在於把利益送給所愛之人；愛最自然與自發的表達方式，就是

給予。沒有任何東西能夠給予的男人，無法滿足他作為丈夫或父親、作為公民或者作為男人的角色。透過物質的使用，一個人才會為自己的身體找到完整的生命、發展自己的心智，並舒展自己的靈魂。因此對他來說，致富是至關重要的。

你渴望富有是完全正確的，只要是一個正常人，就會忍不住要這樣做。你應該將最重要的注意力放在致富的科學上，這是完全正確的，因為這是所有研究中最崇高，也最必要的。如果你忽略這個研究，你就是對為自己負責失職，也是對為神與人類負責的失職；因為你為神與人類所能提供的最大服務，莫過於充分發揮自己的潛能。

致富練習

【覺察致富的必要性】

1. 「一個人必須富有，才可能過著真正完整或成功的生活。」你相信上述的說法嗎？為什麼？

....

2. 請列舉出三位擁有財富，同時過著真正完整或成功的生活的人。

....

3. 「一個人透過利用各種東西來發展心智、靈魂與身體，而社會的組織就是這樣，讓人必須有錢才能夠變成物品的主人；因此，人類所有進步的基

礎都必定在於致富的科學。」承上題，上述三個例子分別利用什麼東西來發展心智、靈魂與身體，使自己提升到自身才華或靈魂發展能及的最高程度？

4. 檢視你人生至今的進步，與金錢的關聯度有多少？請在從 1 到 10 的量尺上（1 表示「關聯極低」，10 表示「關聯極高」）評估關聯度。

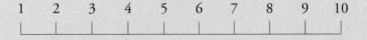

5. 「一個人若是擁有他想要的一切，可以去過他能過的任何生活，就是富有的。」也就是作者認為，當一個人所有想體驗的，他都有足夠資本去支持自己完成體驗，那這個人就是富有的。依據作者

的定義來檢視，你認為自己目前是富有的嗎？為
什麼？

- -

6. 作者認為致富是「天賦人權」，是宇宙希望透過
你實踐的欲望，追求致富是值得被讚美和榮耀的
事。你相信自己有致富權 —— 身而為人，就擁有
權利變得富有嗎？為什麼？

- -

7. 你如何看待「研究致富是高貴的」說法？你如何
看待自己想要致富的欲望呢？

- -

8. 想像一下，若你相信自己天生就有致富的權利，

宇宙也全力支持自己致富，你會有什麼感覺？你
會有什麼想法與做法上的改變？

. . . .

9. 「如果你忽略這個研究，你就是對為自己負責失
   職，也是對為神與人類負責的失職；因為你為神
   與人類所能提供的最大服務，莫過於充分發揮自
   己的潛能。」在不致富 —— 可能沒有足夠的資源
   做全面探索和學習的情況下，你認為你可能發揮
   自己的所有潛力嗎？

. . . .

10.承上題，假設在致富 —— 資源充足的情況下，你
   是否認為自己更能夠發揮自己的所有潛力？為什
   麼？

. . . .

【覺察生命的完整】

11.「所有生命的目的都是發展，而每一個生命都擁
有不可被剝奪的權利，在取得範圍內達到所有的
發展。人的生命權利，意味著他們有權自由不受
限地運用所有可能的必要事物，好完整舒展他們
的心智、靈魂與身體。」你有多重視對於自己的
身、心、靈發展呢？請分別在從 1 到 10 的量尺上
（1 表示「極不重視」，10 表示「極重視」），
評估重視程度。

12.對於身心靈的欲望，你是否同等重視且均衡發展？還是特別偏重哪一部分？為什麼？

13.關於身體，休息與娛樂對於你的肉體生命來說是必要的。每個星期你花多少時間適當的休息？同樣，你每星期花多少時間娛樂？

14.承上題，你認為理想上每週應該要花在休息和娛樂的時間各是多少？

15.關於心智，閱讀、旅行與知性上的陪伴幫助我們活出完整的人生，你認為什麼對你的心智發展最

有幫助？為什麼？

16.「一個人至高的幸福，就在於把利益送給所愛之
　　人；愛最自然與自發的表達方式，就是給予。」
　　愛在你的人生中是如何被表達出來的？你會想要
　　如何完整表達愛？與財富有關嗎？

17.作者提到「不渴望活得更豐盛的人是不正常的。」
　　和「滿足於較少的事物，是有罪的。」你是否時
　　常將就 —— 滿足於較少的事物？為什麼？當你選
　　擇將就的時候感覺如何？你認為你的生命因此更
　　完整，還是更分裂？

18.「生命中的成功，就是變成你想成為的樣子。」
　　你在哪些方面已經變成你想成為的樣子？

. . . .

19.承上題，你在哪些方面還沒有變成你想成為的樣
　　子？

. . . .

第 二 章

致富的科學是存在的

環境、才華並不是致富的必要條件

　　致富的科學是存在的，而且是一門精確科學，就像代數或算數。獲取財富的過程中存在著特定的法則，任何人一旦學會且遵循這些法則，就能跟數學一般的精準致富。

　　擁有金錢與財產，是用特定方式做事的一種結果；無論是刻意為之還是純屬意外，用這種「特定方式」做事的人都會致富，而那些不照這種「特定方式」做事的人，無論他們工作得多勤勞、或者能力多出眾，都會繼續貧窮。相似的原因總是導致相似的結果，這是一種自然定律；因此，任何人只要學會用這種特定方式做事，都必然會致富。

　　下列事實可以證明前面說的都是真的。致富不是因為環境，如果是因為環境，那住在某個社區裡的所有人都會變有錢；某個城市裡的人全都會很有錢，而其他城鎮的人全部都很窮；或者某個州的居

民人人財源滾滾，隔壁州每個人都是窮鬼。

但我們到哪都能看見富人與窮人並肩生活在同一個環境裡，常常還從事相同的職業。兩個人在同一個地方、做同樣的生意，一個人發財，另一個人卻一樣窮困，這就告訴我們，環境不是致富的主要因素。某些環境可能比較有利一點，但兩個人在同一個社區做一樣的生意，而一個人致富，另一人卻沒有，這就顯示，致富是用「特定方式」做事的結果。

更進一步說，用這種特定方式做事的能力，並不只是因為這些人有才華，很多有才華的人還是很窮，沒什麼才華的人卻發財了。

我們研究那些致富的人，就會發現他們在所有方面都很普通，沒有比其他人更厲害的才能。很顯然，他們並不是因為具備別人沒有的才華與能力才致富的，而是因為他們剛好以「特定方式」做事。

致富並不是儲蓄或者「節儉」的結果；許多各

嗇的人很窮，而大方花錢的人常常致富。致富也不是因為做了別人做不到的事情，因為兩位同行常常做了幾乎一樣的事情，一個人變得富有了，另一個人還是很窮，甚至破產。從所有這些事實中，我們必定會得到這個結論：致富是以「特定方式」做事的結果。

如果致富是用「特定方式」做事的結果，並且相似的原因總是產生相似的結果，那麼用那種方式做事的任何男女都能致富，而這個過程都會進入精確科學的領域裡。

這裡出現一個問題：這種「特定方式」是不是困難到只有少數人才做得到。就像前面提過的，與天生的能力無關。有才華的人會致富，傻瓜也會致富；腦筋很好的人會致富，非常蠢笨的人也會致富；身強體健的人會致富，體弱多病的人也會致富。

當然，某種程度的思考與理解能力是必要的，但在先天能力的方面，只要能夠閱讀並理解這些字

句的每一個男女，都能致富。我們也已經看到，致富不是因為環境的關係。地點的選擇是有其重要性，一個人不會跑到撒哈拉沙漠中央，還期待要生意興隆。

要致富，跟人打交道、還有待在能跟人打交道的地方是必要的；如果這些人傾向用你想要的方式打交道，那就更好了。不過環境的重要性大概就是這樣而已。

條件好會讓致富變快，但不是絕對

如果你家鄉的每個人都能致富，那麼你也可以；如果你這個州的每個人都能致富，你也可以。再說一次，問題不在於選擇某種特定行業或專業。各行各業都有人致富，而同時，他們同行的鄰居卻還是窮人。你在自己喜歡又容易上手的行業裡會做

得最好，這是真的；要是你有發展良好的特定才華，你在運用這些才華的行業裡會做得最好。而且，你會在適合你所在地的行業裡會做得最好；冰淇淋店在氣候溫暖的地方，生意會比在格陵蘭好，在美國西北部經營鮭魚漁場，會比在沒有鮭魚的佛羅里達更成功。

不過，除了這些一般限制以外，你並不需要加入某種特別的行業才能致富，而是要學習用「特定方式」做事。如果現在你在做生意，而你在的地方，每個做同樣生意的都賺大錢了，你卻沒發財，這是因為你沒有用跟其他人相同的「方式」做事。

沒有本錢不會阻礙任何一個人致富。的確，在你有本錢的時候，資產會增加得比較容易且迅速；但有本錢的人已經很富有了，不需要再去考慮怎麼變有錢。不管你有多窮，只要開始用「特定方式」做事，你就會走上致富之路，也會開始累積本錢。取得本錢是致富過程的一部分，這也是用「特定方法」做事會帶來的部分結果。你可能是這塊大陸上

最窮的人，而且負債累累；你可能沒有朋友、沒有影響力、沒有資源；但如果你開始用這種方式做事，一定會開始變有錢，因為相似的原因總是會產生相似的結果。如果你沒有本錢，你可以取得本錢；如果你入錯行，你可以進對行；如果你在錯誤地點，你可以去正確地點；只要你從現在的行業與現在的地點開始，用帶來成功的「特定方式」做事，以上這些你全都能做到。

致富練習

【覺察致富法則】

1. 就像算數一樣，存在著致富的精確科學。作者說，
   一旦學習並且實踐這些法則，你就能精確致富。
   這種絕對性的宣言讓你有什麼感想？

   ....

2. 「這是一種自然定律，相似的原因總是導致相似
   的結果。」就你的觀察，你認為致富的原因是什
   麼？那些致富的人有沒有共通點？比如特別聰
   明，或是特別有才華？

   ....

3. 承上題，你是否能夠找到反例，使你的觀察和想法不成立？

4. 若你認為致富是命運或運氣使然，那你是否能解釋命運或運氣是如何產生的？哪些人才會好命或好運？

【覺察致富機會】

5. 取得財富並不是仰賴選擇某個特定行業或專業，因為每一行都有富人與窮人。「你在你喜歡又容易上手的行業裡會做得最好。」你喜歡做什麼，而且做得很好？你從事的行業能讓你做你喜歡做

的事嗎？如果不能，哪些行業能讓你做你喜歡做
的事？

....

6. 「要是你有發展良好的特定才華，你在要求運用
　　這些才華的行業裡會做得最好。」你的才華是什
　　麼？如果要打造一個用得上自己才華的事業，會
　　是什麼？請簡單描述。如果暫時想不到也沒有關
　　係，請保持開放的心態去尋找與發掘，留意任何
　　徵兆與提示，因為跟著這本書的腳步，你已開啟
　　致富人生的大門。

....

第 三 章

機會被獨占了嗎？

學會順應機會潮流

　　沒有人一直很窮是因為機會不斷被搶走，或是其他人獨占了財富，而且還在周圍蓋圍籬擋起來。你可能會不得其門而入，無法參與某些特定的生意，不過總會有其他向你敞開的道路。你或許很難掌控任何一個重要的鐵路系統，這個領域已經算被獨占了。不過電氣化鐵路事業仍處於嬰兒時期，提供了相當大的商機；空中交通運輸還要好幾年才會變成一門大事業，而且每條分支都會雇用數萬人，甚或是數百萬人。與其跟鐵路大亨JJ・希爾（J. J. Hill）或其他人競逐蒸氣鐵路世界的一個機會，你為什麼不把注意力轉向空中運輸的發展？

　　如果你是在鋼鐵聯合企業上班的工人，肯定沒什麼機會買下你工作的工廠，這是事實。但如果你開始以「特定方式」行動，很快就可以離開鋼鐵業，你可以買下一片十到四十英畝的農場，並且以食品製造者的身份做生意，這也同樣是事實。對於

依靠小片土地生存且密集耕種這片土地的人來說，
此刻是很好的機會；這樣的人肯定會致富。你可能
會說，你不可能取得土地，但我要向你證明這並非
不可能，如果你用「特定方式」去工作，肯定可以
得到一片農場。

在不同的時期，機會的大浪潮會根據整體的
需求，還有社會演化達到的階段，湧向不同方向。
現在在美國，機會潮流向農業、聯合工業與專門行
業。今日，機會在各行各業的工廠工人面前敞開。
在客戶是農夫的生意人面前，出現的機會比客戶是
工廠工人的更多；而服務農夫的專業人士面前，出
現的機會比服務勞工階級的更多。對於會順應潮流
而非逆流泅泳的人來說，有大把的機會在等著他
們。

所以無論是工廠工人還是整個工人階級，都沒
有被剝奪一絲機會。工人並不是被他們的主人「壓
制」，並不是被聯合企業與資本結盟「困住」。做
為一個階級，他們處於現在的處境是因為沒有用

「特定方式」做事。如果美國的工人選擇用「特定方式」做事，就可以效法在比利時與其他國家弟兄的典範，建立起大型百貨公司與合作工業；他們可以選出自己階級的人擔任管理職，並且通過對這種合作企業發展有利的法律；幾年之內，他們就可以和平地占據工業界。

只要勞工階級開始用「特定方式」做事，就可能變成雇主階級；對所有人來說，財富的法則都是一樣的。這是他們必須學習的，而只要他們繼續做現在正在做的事，就會一直處於現在的位置。然而個別的工人，並不會被這個階級的心靈怠惰或無知拖累，他可以跟著機會的潮流奔向財富，本書會告訴他要怎麼做。沒有人會因為財富供應不足而被迫保持貧窮，財富供應給所有人都綽綽有餘。光靠美國自己的建材，就可以為地球上的每個家庭蓋一座大得像是華盛頓國會大廈那樣的宮殿。而且經由密集耕耘，這個國家會生產羊毛、棉花、亞麻與絲，足夠讓世界上的每個人穿得比盛裝的所羅門王來得

好，還能加上足以讓每個人都吃得很豪奢的食物。

宇宙中的資源無窮無盡

可見的供給實際上是無窮無盡的，看不見的供給也確實「是」無窮無盡的。你在地球上看到的所有事物，都是從原初實體（Original Substance）中誕生，並從中發展出來的。新的形式（Forms）持續被造就出來，比較陳舊的形式則會消融；但一切都是「單一物」（One Thing）所採用的形狀。無形之物（Formless Stuff）或說原初實體的供給是沒有限制的。宇宙就是從原初實體中造就出來的，但它並沒有全部被用來造就宇宙。可見宇宙的種種形式內外與中間的空間，瀰漫並充滿了原初實體，充滿了無形之物，充滿了所有事物的原始材料。就算比既有物品多上一百萬倍，都有可能被創造出來，甚至到了那時，我們都用不完宇宙的原始材料供給。

因此，沒有人會因為自然界很貧瘠，或者沒有足夠事物可以滿足需求而變得貧窮。自然界是財富的無盡寶庫，供給永遠不會短缺。原初實體充滿了創造性能量，而且持續製造出更多形式。在建築原料的供給用盡時，會有更多被製造出來；在地力耗盡，以至於食物與衣物的原料不再生長的時候，它會得到更新，或者會有更多土壤被造就出來。在所有金銀都從土地裡被挖掘出來的時候，如果人類仍然處於需要金銀的社會發展階段，就會有更多金銀從無形之物中被生產出來。

　　無形之物回應了人的需求，不會讓人什麼好東西都得不到。就人類全體來說，這是真的；整個物種永遠都極其豐饒富裕，如果一個人是貧窮的，這是因為沒有用會致富的「特定方式」做事。無形之物是有智慧的，它是會思考的物，它是活生生的，而且總是被驅策到有更多生命的方向。

　　生命有原始的衝動，想要活得更豐盛。智慧的本性就是要擴大自己，意識的本性則是要設法拓展

邊界，並且找到更完整的表達方式。充滿形式的宇宙是由無形的生命體（Formless Living Substance）造就出來的，它讓自己化成各種形式，才能更完整地表達自己。

宇宙是一種偉大的生命存在（Living Presence），天性上總是朝著有更多生命與更完整發揮功能的方向移動。自然界是為了生命的進步而成形；它的推進動機就是生命的增益。為了這個理由，有可能照料生命的一切都得到豐沛的供應；短缺是不可能的，除非神自我矛盾，抵銷祂自己的工作成果。

你不會因為財富供給不足而被迫保持貧窮；我會在稍後證明這個事實：就連無形供給的資源，都聽從以「特定方式」行動與思考的男女支配。

致富練習

【覺察致富潮流】

1. 「沒有人一直很窮是因為機會不斷被搶走，或是
   其他人獨占了財富，而且還在周圍蓋圍籬擋起來。
   你可能會不得其門而入，無法參與某些特定的生
   意，不過總會有其他向你敞開的道路。」你認為
   財富被某些人獨占了嗎？為什麼？

2. 你能想到多少在十年前甚至還沒出現的機會？
   一一列出。

3. 「機會的大浪潮會根據整體的需求，還有社會演

化達到的階段，湧向不同方向。」你認為未來的潮流是什麼？你可以如何利用現在的世界潮流使自己致富？

【覺察資源供給】

4. 「自然界是為了生命的進步而成形；它的推進動機就是生命的增益。為了這個理由，有可能照料生命的一切都得到豐沛的供應。」你相信世界財富的供給本是無窮盡的嗎？相信世界是豐饒富足的嗎？為什麼？

5. 作者指出世界上有豐富的資源，沒有人是外部匱乏的受害者。「可見的供給實際上是無窮無盡的；看不見的供給則確實『是』無窮無盡的。」花點

時間考量這句話。當媒體不斷猛攻，關注我們可用資源的「匱乏」時，作者的話在什麼樣的脈絡下真實無誤？

. . . .

6. 「原初實體充滿了創造性能量，而且持續製造出更多形式。」提供這種現象在世界上出現的三個例子。

. . . .

7. 要相信「無形之物回應了人的需求；不會讓人什麼好東西都得不到」需要一點信心。在從 1 到 10 的量尺上，你對這句話有多少信心？（1 是我完全不相信這是真的，10 則是我完全相信這是真的。）

1   2   3   4   5   6   7   8   9   10

8. 無形之物會思考，是活生生的，而且總是被驅策
到有更多生命的方向。智慧的本質是擴充自己。
你在自然界的什麼地方會發現這種實例？

....

9. 如果無形供給的資源，都聽從以「特定方式」行
動與思考的男女支配，請列出到目前為止，什麼
樣的行動與思維方式會讓無形供給取消對你的幫
助。

....

第 四 章 —————————————————————————

致富科學的
第一原則

所有事物都是思考的具現化

　　思想是唯一能從無形實體中創造有形財富的力量。創造出所有事物的是一種會思考的實體，而這個實體中的一絲關於形式的想法，製造出了一個形式。原初實體根據想法而行動，你在自然界看到的每個形式與過程，都是原初實體中一個想法的可視化表達。無形之物想到一個形式的時候，就採用那個形式；想到一個動作的時候，就製造出那個動作。所有事物就是這樣被創造出來的。我們生活在一個思想世界，而這是一個思想宇宙的一部分。有一個動態宇宙的想法延伸到整個無形實體，思考之物（Thinking Stuff）就根據那個思想而行動，以行星系統的形式成形，並且維持那個形式。思考實體（Thinking Substance）採用了它的思想形式，並且根據那個思想動作。它抱持著恆星與世界的周轉體系的觀念，採用了這些天體的形式，並且在思考時推動它們。它思考著一棵緩慢生長的橡樹的形式，

根據這個形式來動作，然後產生了那棵樹，雖然要做到這件事，可能需要好幾個世紀。在創造中，無形之物似乎根據它建立好的動態路線來移動；一棵橡樹的思想，並沒有導致一棵完全長成的大樹立即成形，不過確實啟動了樹生長的力量，並按照設定好的生長路線前進。思考實體中每個關於形式的思想，導致了那個形式被創造出來，但通常（或者至少普遍來說是）會遵循既定的生長與行動路線。

如果一個特定建築結構的房屋的思想，被銘刻在無形實體上，或許不會馬上見到那棟房屋蹦出來；但會將已經在商業貿易中運作的創造性能量，引導到讓這棟房子迅速建立的各種管道中。如果缺少既有的管道，能讓創造性能量透過它們來運作，這棟房子就會直接從原始實體中成形，而不是等候有機與無機世界的緩慢過程。

任何一個被銘刻在原初實體上的、關於形式的思想，都會導致這個形式被創造出來。人是一個思想中樞，可以創造出思想。人用雙手塑造出的所有

形式，必須先存在於他的思想中；在他想到一項事物以前，是無法形塑出這項事物的。

而到目前為止，人類把努力完全限制在雙手的工作上；他把體力勞動應用到形式的世界裡，設法改變或修改那些既存的形式。他從未想過要透過把思想銘刻在無形實體之上，設法導致新形式的誕生。人在有一個思想形式（thought-form）的時候，會從自然中取得原料，然後將他心中的那個形式製造出來。到目前為止，他只花了很少的力氣、或者完全沒努力去跟無形智慧（Formless Intelligence）合作；去「跟『父親』合作」。他做夢都想不到他可以「做看見父所做的」[1]。人靠著體力勞動重新塑造並修改既存的形式，而沒有注意到，他可否把想法傳達給無形之物來製造出物品。我們提議來證明他可以這麼做，證明任何男女都可以這麼做，而且示範如何做。我們的第一步，必須制定三個基本

---

[1] 本書註解都是譯註。這句話典故出自《聖經新約・約翰福音》5:19：「子憑著自己不能做什麼，惟有看見父所做的，子才能做；父所做的事，子也照樣做。」

命題。

　　首先，我們肯定有原初實體或無形之物存在，所有事物都是從中創造出來的。看似為數眾多的所有元素，只是單一元素的不同呈現；在有機與無機自然界中發現的所有眾多形式，只是形狀不同，都是從相同的物質中創造出來的。而且這個實體會思考，它的一個想法會產生出那個思想的形式。思考實體中的思想，產生出形式。人是一個思想中樞，能夠產生原創思想；如果人能夠將他的思想傳達給會思考的原初實體，就可以讓他想到的東西創造出來或成形。總的來說就是，存在一個會思考的實體，所有事物都是從中創造出來的，而這思考實體以其原初的狀態，瀰漫、滲透並填滿了宇宙中的間隙。在這個實體中，一個思想「製造」了它想像中的事物。

　　人可以在他的思想中形成事物，而藉由把他的思想銘刻在無形實體之上，還可以讓他思考的事物被創造出來。問題是，我是否能證明這些陳述；而

在不談細節的狀況下，我的回答是，透過邏輯以及
經驗兩者，我能夠做得到。從形式與思想的現象往
回推論，我得知有一個原初的思考實體；而從這個
思考實體往前推論，我得知人有力量讓他想到的事
物成形。

　　而透過實驗，我發現這個推論為真，這是我最
強有力的證據。如果有一個讀到這本書的人按表操
課而致富，就是支持這個主張的證據；但如果每個
按表操課的人都致富，那就是積極的證明，直到有
人經歷這個過程卻失敗為止。直到有人失敗以前，
這個理論都是真的；而這個過程不會失敗，因為每
個確實按表操課的人都會致富。

　　我說過人會因為用「特定方式」做事而致富；
而為了這麼做，人必須變得能夠以特定方式思考。
一個人做事的方式，就是他用特定方式思考事物的
直接結果。

貧窮、病痛只是表象，
真相是你健康又富有

要用你想做事的方式來做事，你必須獲得照你想思考的方式來思考的能力；這是朝向致富的第一步。去思考你想思考的事情，就是去思考「真理」，無論表象如何。

每個人都有與生俱來的力量，可以去思考他想思考的事情，不過比起去思考表象所指出的思緒，這樣做需要的努力會多更多。根據表象去思考是容易的；不理會表象去思考真理是費力的，而且比起要求人去執行的任何其他工作，這樣做需要付出更多力量。

最多人會閃避的勞動，莫過於持久而連續的思考，這是世界上最難的工作。在真理和表象相反的時候尤其真切。可見世界裡的每個表象，都傾向於在觀察它的心靈裡產生一個相對應的形式；而只有

抱持「真理」的思想，才能夠避免此事發生。

看著疾病的表象，會在你自己的心靈中製造出疾病的形式，到最後會在你身體上製造出疾病。除非你抱持真理的思想，也就是說，疾病不存在；這只是一種表象，現實則是健康狀態。

看著貧窮的表象，會在你自己的心靈中製造出相應的形式，直到你掌握貧窮不存在的真理為止，存在的只有豐盛。在被疾病的表象圍繞時思考健康，或者在貧窮的表象當中思考財富，都需要力量。不過獲取這種力量的人就變成一個「智者」。他可以征服命運，他可以擁有他想要的東西。

這種力量只能靠著掌握所有表象背後的基本事實來獲得；而那個事實就是，存在一個思考實體，所有事物都是從中被創造出來，而且是由它所構成的。接著我們必須掌握的真理是，這個思考實體中的每個思想都會變成一個形式，而人可以把自己的思考銘刻在上面，從而導致這些思考成形，變成可

見的事物。在我們領悟到這一點的時候，我們的所有懷疑與恐懼就消失了，因為我們知道，我們可以創造我們想創造的事物，我們可以得到我們想擁有的事物，也可以變成我們想要成為的人。邁向致富的第一步，就是你必須相信先前這一章裡提出的三個基本陳述；為了強調，我再次重複：存在一個會思考的實體，所有事物都是從中創造出來的，而這思考實體以其原初的狀態，瀰漫、滲透並填滿了宇宙中的間隙。

在這個思考實體中，一個思想「製造」了它所想像的事物。人可以在他的思想中形成事物，而透過把思想銘刻在無形實體之上，人可以讓他想到的事物被創造出來。除了這個宇宙一元論概念之外，你必須放下所有其他宇宙概念；你必須反覆思考，直到這個概念在你心中生根，變成你習慣的念頭為止。請一再閱讀這些信條宣言；把每個字都牢牢固定在你的記憶中，並且深思它們，直到你堅信其中所說的內容為止。如果你產生懷疑，就當成道德

罪惡扔到一邊去。別去聽反對這個觀念的論證，別去教導或鼓吹相反事物概念的教堂或講座。不要讀教導不同觀念的雜誌或書籍；如果你的信念有所混淆，你所有的努力都會付諸流水。

不要問為什麼這些事情是真的，也不要猜測如何可能為真；就憑著信任接受它們。致富的科學從絕對接受這個信念開始。

致富練習

【覺察思想的力量】

1. 「人把努力完全限制在雙手的工作上；他把體力勞動應用到形式的世界裡，設法改變或修改那些既存的形式。」「人可以在他的思想中形成事物，而藉由把他的思想銘刻在無形實體之上，還可以導致他思考的事物被創造出來。」你相信思想的力量嗎？你是否曾運用「思考」去創造新的形式（而非僅用雙手蠻幹）？

2. 想像一下以下兩個狀態：一個是你能清晰預見手上的計畫順利開展的樣子，另一個是你無法預見計畫開展的樣子，只有模糊不清的想像，兩者在執行上心態和做法上會有何不同？哪一個會比較

容易成功？

・・・

3. 「根據表象去思考是容易的；不理會表象去思考
真理是費力的，而且比起要求人去執行的任何其
他工作，這樣做需要付出更多的力量。」你是否
曾體驗過作者所說的「超越表象的思考方式」？
若答案為肯定的，是發生在想到什麼主題的時
候？請試著列出來。你是否領受到「思考真理」
的益處，以及這個做法是否真是費力又困難的？

・・・

4. 「在被疾病的表象圍繞時思考健康，或者在貧窮
的表象當中思考財富，都需要力量；不過獲取這
種力量的人就變成一個『智者』。他可以征服命
運，他可以擁有他想要的東西。」你相信貧窮是

假象，而富有才是真理嗎？你能夠想像你富有的
樣子嗎？為什麼？

．．．．．．．．．．．．．．．．．．．．．．．．．．．．．．．．

5. 你認識的人當中是否有「智者」，或你就是智者
呢？他或你曾經如何做到不理會表象而是思考真
理呢？

．．．．．．．．．．．．．．．．．．．．．．．．．．．．．．．．

【覺察真相】

6. 「去思考你想要思考的事情，就是去思考『真
理』。」什麼是你「想要思考」、想要創造出來
的事情呢？花點時間，把各個層面都思考一遍。

．．．．．．．．．．．．．．．．．．．．．．．．．．．．．．．．

7. 對你來說「真理」是什麼呢？什麼樣的生命狀態
   對你來說是美好富足的？

- -

【覺察顯化】

8. 「在他想到一項事物以前，是無法形塑出這項事
   物的。」回顧你的人生經驗，什麼時候你認為你
   「自發地」塑造出你生命中的某樣事物。再回想
   一次，在那之前，你曾「想」到過嗎？請描述你
   的發現。

- -

9. 這個章節中有一個基本命題：存在一個會思考的
   實體，所有事物都是從中創造出來的，而這思考
   實體以其原初的狀態，瀰漫、滲透並填滿了宇宙

中的間隙。要顯化你在生命中想要的事物，第一步就是相信這個命題。用你自己的話重寫這個命題。

10. 作者建議你把所有其他的宇宙概念都放到一邊去，反覆思考這些命題，直到在你心中生根為止。請反覆閱讀這些陳述，直到成為你的信念為止。在接下來三十天裡，每天早上的第一件事就是重複這個命題，每天晚上的最後一件事也這樣做，大聲念出這個命題，然後想一想。留意你這樣做之後發生的任何相關經歷。

11.「一個人做事的方式，就是他用特定方式思考事物的直接結果。」帶上筆記本，持續紀錄你的想法，看看你的想法在一整天裡如何顯化成你做事

的方式。

· ·

第 五 章 ————————————

活出生命的更多更好

想要更多，是每個生命的渴望

　　你必須拋棄舊觀念的最後一絲遺毒：有一位神就是要讓你過著貧窮日子，或是讓你一直窮下去可以達到祂的目的。

　　智慧實體（Intelligent Substance）是個有意識的生命體，它就是宇宙中的一切，也存在一切之中；它活在一切事物之中，也活在你的內在。它作為一個有意識的生命體，跟每個有智慧的生命體一樣，一定天生內建追求生命擴張的渴望。每個生命體一定都會不斷追求自己生命的擴張，因為生命單單是活著，就一定會擴張自己。

　　一顆種子落入地面，發芽成長，然後產生出另外一百個種子；生命透過活著，讓自己繁殖倍增。生命永遠都是「變得更多」，如果要持續存在，就得這麼做。

　　智慧同樣有這種持續擴張的必要性。我們現

在想到的每個想法，都讓我們必定會產生下一個想法；意識會持續擴張。我們得知的每一個事實，都帶領著我們去知道另一個事實；知識會持續增加。我們培養的每種才華，都帶給心靈培養另一種才華的欲望；生命的衝動驅使我們去尋求表達，而這總是促使我們去知道更多、做到更多，而且成為更多。

　　為了知道更多、做到更多，而且成為更多，我們必須擁有更多；我們必須擁有可以運用的事物，因為唯有靠著運用事物，才能學習、做事並且做出改變。我們必須致富，好讓我們可以活得更豐盛。

宇宙要你致富，才能透過你活出更多

　　致富的欲望，只是尋求實現更廣闊生活的能力；每個欲望都是對一種未實現可能性的努力，以

轉化為行動。尋求顯化的力量導致了欲望。讓你想要更多錢的東西，就跟讓植物成長的東西是一樣的，那就是「生命」，在尋求更完整的表達。

而「唯一生命體」（The One Living Substance）也必須遵循所有生命的既定法則；祂充滿了活出更多的渴望，那就是為什麼祂必須要去創造的原因。

「唯一生命體」的欲望是在你身上活出更多，因此祂希望你擁有一切你能運用的東西。

神希望你變得富有。祂要你變有錢，因為如果你擁有大量事物可以用來讓祂展現，祂就可以透過你更清楚地表達祂自己。如果你能毫無限制地任意支配生命，祂就可以在你身上活出更多。

宇宙想要讓你擁有你想要的一切。

大自然會支持你的計畫。

一切都是天生為了你而存在。

請下定決心相信這是真的。

然而最重要的是，你的目的應該跟「所有事物」的目的和諧一致。你必須渴望真實的生命，而不是單純的快樂或感官享受。生命是實踐功能的過程；一個人只有在實踐自己能夠做到的每個身體、心理與性靈功能，而且任何一項都不過度的時候，這個人才算真正活著。

你想要致富，不會是為了過著放縱的生活，或為了滿足動物性的欲望；那不是生命。不過，每個身體功能的實踐都是生命的一部分，而否認身體衝動是正常健康表現的人，也不算完整活著。

你想要致富，不會只為了享受心靈之樂、取得知識、滿足雄心壯志、比別人更出色或者出名。這一切全都是生命中正當的一部分，不過單單為了知性之樂而活的人，只會擁有部分的生命，而他永遠不會對自己的處境感到滿意。

你想要致富，不會只為了其他人的好處、為

了忘我地投入拯救全人類、為了經驗慈善與犧牲之樂。靈魂的喜樂只是生命的一部分，並不比任何其他部分更好或者更高貴。

你想要致富，是為了你可以在適合吃吃喝喝與享受歡樂的時候做這些事情；是為了讓你可以讓身邊充滿美麗的事物、見識遙遠的土地，好滋養你的心靈，並發展你的才智；是為了你可以愛人並做仁慈的事，而且能夠扮演良善的角色，去幫助世界找到真理。

不過請記得，極端的利他主義不會比極端的自私更好更高貴；兩者都是錯誤。

請擺脫神想要你為他人犧牲自己，還有你可以藉此得到祂偏愛的想法；神完全沒有這樣要求。

祂想要的是，你應該為了你自己還有別人，盡可能發揮自己的最大能力；跟任何其他作法相比，你盡可能發揮自己的最大能力，更能夠幫助其他人。你只能藉著致富來讓自己發揮到極致；所以，

你應該先致力於獲取財富的工作，這是正確又值得讚美的。

然而請記得，「智慧實體」的欲望是為了所有人存在的，而祂的行動必須是為了讓所有人都有更豐盛的生命；祂不能被用來讓任何人的生命變得更貧乏，因為祂對所有人都是平等的，要去尋求財富與生命。

競爭心態會讓你失去創造的力量

智慧實體會為你創造出事物，但不會從別人身上拿東西過來給你。你必須擺脫競爭的想法。你要創造，而不是爭奪已經被創造出來的東西。你不必從任何人身上奪去任何東西，你不必拼命討價還價，你不必欺騙或占人便宜，你不需要讓任何人為了低於應得酬勞的錢工作。

你不必覬覦他人的財富，或者用滿懷渴望的眼神盯著看；沒有什麼別人擁有的東西，會讓你無法擁有同類的事物，非得從他身上奪走不可。你要變成創造者，而非競爭者；你會得到你想要的，不過方式會是當你得到它的時候，其他人個個都會擁有比現在更多的東西。

　　我知道有些人靠著和前一段陳述相反的方式做事，並得到了大筆金錢，我就在此多解釋一句。非常富有的財閥富豪這麼做，有時候純粹靠他們在競爭層面超乎尋常的能力，而有時候，他們則無意識地讓自己與「智慧實體」最偉大的目的與行動產生連結：透過工業演化，支持普遍的種族建設發展。洛克斐勒（Rockfeller）、卡內基（Carnegie）、摩根（Morgan）等人，在系統化與組織製造性工業的必要工作中，無意識成為「至高力量」（Supreme）的代理人，到最後，他們的工作會對造福所有生命有極其廣泛的貢獻。他們的時代幾乎結束了，他們已經組織起製造業，而很快就會被大眾的代理人繼

承，這些代理人會組織分配的機制。

身價數百萬的富翁就像史前時代怪物般的爬蟲類，在演化過程中扮演必要的角色，不過造就出他們的那股「力量」也會處置他們。值得銘記在心的是：他們從來不是真正富有。大多數這類人的私生活紀錄會顯示出，他們其實是最淒慘可悲的窮人。在競爭層面獲取的財富，永遠不會帶來滿足，也不持久；財富今天屬於你，明天就可能是別人的。

請記得，如果你要以科學而確定的方式變得富有，必須徹底超脫競爭性的思考。你絕對不能有一刻想著供給是有限的。只要你開始想著所有的錢都被「壟斷」，被銀行家與他人控制，而你必須鞭策自己去透過法律來制止這個過程等等，從那一刻起，你就落入了競爭心態，你創造的力量就會在這時消失。更糟糕的是，你可能會扼殺你已經開始的創造性行動。

要知道，有無數價值數百萬美元的金子在地球

的山脈裡，至今還未見天日；要知道，就算沒有這些金子，也會有更多從「思考實體」中被創造出來，以便滿足你的需求。

要知道，你需要的金錢一定會來，就算明天要有一千個人被引導到新的金礦去。永遠不要去看現在可見的供給，始終看著「無形實體」中的無限財富，而且要知道，只要你可以接受並使用它們，它們就會盡快來到你身邊。沒有人能夠藉由壟斷可見的供給，來阻止你得到屬於你的東西。

所以，永遠別讓你自己有一秒鐘落入這樣的想法：除非你趕快行動，否則在你準備好蓋自己的房子以前，所有最好的建築地點都會被別人占走。永遠不要擔心信託機構和聯合企業，不要因為害怕他們很快就會擁有整個地球而變得焦慮。永遠不要害怕你會失去你想要的事物，只因為別人「捷足先登」。那不可能發生；你不是在尋求任何別人擁有的東西，你是在促使你想要的事物從無形實體中被創造出來，而供給是沒有上限的。

要堅信這段明確的陳述：存在一個會思考的實體，所有事物都是從中創造出來的，而這思考實體以其原初的狀態，**瀰漫、滲透並填滿了宇宙中的間隙**。在這個實體中，一個思想製造出思想所想像的事物。人可以用思想中塑造事物，並透過把思想銘刻在無形實體之上，使他所想的事物被創造出來。

致富練習

【覺察宇宙意圖】

1. 「『唯一生命體』的欲望是在你身上活出更多，
   因此它希望你擁有一切你能運用的東西。」你認
   為有神或宇宙意志的存在嗎？你認為祂是有意識
   地使你無法致富嗎？

   ·····································

2. 承上題，你認為祂讓你陷入貧窮有什麼好處？若
   你認為有，那可能是導致你無法致富的錯誤信念，
   請試著翻轉，找出反例。

   ·····································

3. 「請擺脫神想要你為他人犧牲自己，還有你可以

藉此得到祂偏愛的想法；神完全沒有這樣要求。」
你認為神對於人類有什麼期待？祂會偏愛什麼樣
的人？為什麼？

4. 「祂想要的，是你應該為了你自己還有別人，盡
   可能發揮自己的最大能力。」你的能力或潛能是
   什麼？你能如何盡可能發揮自己最大的能力（以
   回應神想要的、想創造的）？ 發揮能力或潛能是
   否需要財富資源的支持？

【覺察智慧實體】

5. 「智慧實體就是宇宙中的一切，也存在一切之中；
   祂活在一切事物之中，也活在你之中。祂作為一

個有意識的生命體，跟每個有智慧的生命體一樣，一定天生內建追求生命擴張的渴望。」你是否相信神（或作者說的智慧實體）活在一切事物之中，也活在你之中？為什麼？你認為是什麼創造了世界，形塑了萬物和所有發展？

6. 你相信神是一個不斷成長、有欲望、追求生命擴張的活物嗎？為什麼？你認為從哪些地方或是日常的跡象，可能可以覺察到神的意識和欲望？

【覺察更好更多】

7. 「生命的衝動驅使我們去尋求表達，而這總是促使我們去知道更多、做到更多，而且成為更多。」

「讓你想要更多錢的東西，就跟讓植物成長的東西是一樣的，那就是『生命』，在尋求更完整的表達。」你能如何擴大自己的生命？如何讓自己變得更多 —— 知道更多、做到更多、成為更多？你認為沒有足夠財富的情況下，做得到「更多」嗎？

8. 「『唯一生命體』的欲望是在你身上活出更多。」若把唯一生命體看作創造力，你能如何讓這股創造力在你身上活得更豐富呢？發揮你的想像力，列成一份清單。

9. 花些時間做創造性的工作。畫一幅畫，或者找一張自然生長的神奇植物或樹木照片，來提醒自己

「生命本身想要我致富，想要透過我體驗更多」。

························

10.「跟任何其他作法相比，你盡可能發揮最大能力，
　　更能夠幫助其他人。」想像你已顯化了所有欲望，
　　你會如何在過著夢想生活的同時，也幫助他人？

························

【覺察真實的生命】

11.「你的目的應該跟在『所有事物』的目的和諧一
　　致。……生命是實踐功能的過程；一個人只有在
　　實踐自己能夠做到的每個身體、心理與性靈功能，
　　而且任何一項都不過度的時候，這個人才算真正
　　活著。」你的生命目的是什麼呢？和「所有事物」

的目的和諧一致嗎？

12.你是否有好好實踐每個身體、心理與性靈功能？
　檢視你的現況，你能夠如何調整、更好地實踐自
　己的「功能」以真正活著？

13.你認為真實的生命可能是指什麼？捫心自問，你
　想要真實的生命嗎？還是只是感官滿足的愉悅？
　寫下你在致富後想要實現的清單，並以「利他
　性」、跟「所有事物」的目的一致、功能的實踐
　等標準過濾、篩選並一一檢視。

【覺察競爭】

14.作者稱那些舊時代的企業巨擘靠著在競爭層面超
乎尋常的能力致富、上位,「在系統化與組織製
造性工業的必要工作中,無意識成為『至高力量』
的代理人,到最後,他們的工作會對造福所有生
命有極其廣泛的貢獻。」對於那些過去世代的企
業巨擘,你認為他們對於世界扮演的角色、功能
和意義是什麼?他們的生命真是富足的嗎?

15.「你要變成創造者,而非競爭者;你會得到你想
要的,不過方式會是當你得到它的時候,其他人
個個都會擁有比現在更多的東西。」你認為透過
「創造」獲得財富,與透過「競爭」獲得財富,
在心態、做法和結果上會有什麼區別?

16.回想你那些陷入競爭 —— 想贏過別人、壓制別
人，也不想輸、恐懼輸的經驗，例如考試或比賽，
當時為什麼會想要競爭？競爭時你有什麼感覺？
當你感覺到壓力甚至恐懼時，你是否有良好的表
現？是否能完全發揮你的能力？

17.「宇宙想要讓你擁有你想要的一切。

大自然會支持你的計畫。

一切都是天生為了你而存在。」

試想：你若下定決心，相信上述是真的，你會有
什麼感覺？如果感覺很好，你能如何幫助自己真
的下定決心？

第 六 章 —————————————————————

財富如何來到你身邊

給予別人比應得更多的價值，
讓世界上每個生命都成長

　　我在說你不必拼命討價還價的時候，意思不是你完全不必討價還價，或是不必跟別人交易。我的意思是，你不需要用不公平的方式對待他們。你不必白拿別人的東西，而是可以給別人更多，多過從他身上獲得的東西。從別人身上得到的東西，你可能沒辦法付更多的錢，但你可以給他超過現金價值的使用價值。這本書裡的紙張、墨水跟其他材料，可能不值你花在這本書上的錢；但如果書中提出的觀念帶給你數千美元的價值，那麼賣書給你的人就沒有欺詐你；他們用少少的現金價值，給你一個很棒的使用價值。

　　假設我擁有一張由某偉大藝術家繪製的畫，在任何文明社會裡都價值數千美元。我把它帶到巴芬灣（Baffin Bay）[2]，透過「銷售技巧」說服一位愛

2　夾在格陵蘭島與巴芬島之間的海灣。

斯基摩人用價值五百美元的毛皮來交換。我其實是騙了他，因為這幅畫對他沒有用，對他來說沒有使用價值，對他的生命也沒有任何好處。

但假設我用價值五十美元的槍來換他的毛皮，那麼他就是做了一筆好交易。他用得上那把槍，會帶給他更多的毛皮和食物；這把槍對他生活的各個方面都會帶來好處，會讓他變得富有。

在從競爭層面提升到創造層面的時候，你可以嚴格審視你的商業交易，如果你賣給別人任何一樣對他的人生沒有幫助的東西，就停止這種行為。你不必在生意場上打敗任何人。而如果你身處一個要打敗別人的行業裡，就立刻脫離。

你給每個人的使用價值，都要超過從他身上取得的現金價值；這樣你的每一筆交易，都會讓世界上的生命得到好處。

如果你雇人工作，你從他們身上取得的現金價值，一定要比你付他們的薪水多；但你可以在事業

體中安排近滿滿的進步準則，讓每個想要進步的員工每天都能進步一點點。

這本書為你做到的事，你也可以用你的事業為員工做到一樣的事。你可以這樣經營你的事業，讓它成為某種梯子，每個願意努力往上爬的員工，都能藉此致富；給了他們這個機會，如果員工不願意這麼做，也不是你的錯。

打造渴望的心像，並無條件信任

最後，你要從瀰漫在整個環境的無形實體中，讓你的財富被創造出來；財富並不會憑空就突然成形，出現在你眼前。

舉例來說，如果你想要一台縫紉機，我的意思不是叫你在思考實體上銘刻一台縫紉機的想法，直到機器不經人造就自然成形，出現在你坐著的房間

或別處。如果你想要一台縫紉機，就要用最積極確定的精神，堅持它正被造出、或者正要前往你那裡的心像。一旦形成這個想法，就要絕對且毫無疑問地相信縫紉機即將到來。除了確定縫紉機即將到來的想法，不要用其他方式想它，或談論它。就當作它已經是你的了。

至高智慧體（Supreme Intelligence）的力量，作用在人的心靈上，會把它帶來給你。如果你住在緬因州，可能會有一個人從德州或日本被引導來參與某個交易，而這個交易會讓你得到想要的東西。若是如此，這整件事帶給那個人的好處，會帶給你的一樣多。

一刻也不要忘記，思考實體存在在所有事物中，透過所有事物與一切事物溝通，也能夠影響一切。思考實體對於更飽滿的生命與更好的生活的渴望，導致所有的縫紉機被創造出來；而且每當人透過欲望與信念、還有用「特定方式」行動來啟動它以後，可以導致數百萬以上的更多事物被創造出

來，未來也會如此。你肯定可以在家裡擁有一台縫紉機；同樣確定的是，你可以擁有任何其他想要的事物，而你會用這些事物來促進你自己和別人的生活。你不需要猶豫，可以大方要求；「你們的父樂意把國賜給你們³」，耶穌如是說。

原初實體想要活出你身上的所有可能性，而且要你擁有用來或將會用來過最豐盛人生的所有事物。如果你把意識集中在這個事實——你對於擁有財富的欲望，就是全能者想更完整表達的欲望——你的信念就會變得無堅不摧。有一次我看到一個小男孩坐在鋼琴前，試著讓琴鍵發出和諧的聲音，卻徒勞無功；而我看著他因為無法彈奏真正的音樂而悲傷憤怒。我問他為何惱怒，他回答：「我可以感受到我體內的音樂，但無法讓我的雙手去正確的位置。」他體內的音樂是「原初實體的敦促」，包含了所有生命的每一個可能性；音樂裡存在的一切，都透過這孩子在尋求表達。

3　《聖經・路加福音》12:32。

神，也就是「唯一生命體」，設法要透過人類來活著、做事並享受事物。祂在說：「我想要有人用手建造奇妙的建築、演示神聖的和諧、繪製輝煌的圖畫；我想要有人用雙腳來為我跑腿，用眼睛來看見我的眾多美景，用舌頭來講述偉大的真理、唱出絕妙的歌曲」等等。所有存在的可能性，都透過人來尋求表達。神想要那些能夠演奏音樂的人擁有鋼琴與其他每種樂器，並且有手段可以把才華發展到最極致；祂想要那些能夠欣賞美的人，周遭可以環繞著美麗的事物；祂想要那些能夠分辨真理的人，擁有旅行與觀察的機會；祂想要那些能夠欣賞衣服的人可以穿著美麗的衣服，能夠欣賞好食物的人吃到豪華的食物。

祂想要這所有一切，因為是祂自己在享受並欣賞著；是神想要演示、歌唱並享受美，想要宣揚真理，穿著精緻的衣服，吃美好的食物。「因為你們立志行事都是神在你們心裡運行[4]」，保羅這麼說。

4　《聖經・腓立比書》2:13。

你對財富感覺到的欲望，是神設法要在你身上表達祂自己，就像祂設法在鋼琴邊的小男孩身上尋求表達一樣。所以你無須猶豫，就大膽要求。你的本分是集中並表達出神的欲望。這對大多數人來說正是困難之處；他們保有某些舊觀念，認為貧窮與自我犧牲是在取悅神。他們把貧窮看成計畫的一部分、自然界的一種必然。他們認為，神已經完成祂的工作，造就出祂想造就的一切，而大多數人必須保持貧窮，因為資源不足。他們執著於這個錯誤的想法，以至於對渴求財富感到羞恥；他們試著不去渴望更多，只需要非常節制、足以讓他們過得舒適的收入。

　　我現在回憶起一個學生的例子。有人告訴他，他必須在心裡清楚想像他想要的東西，好讓這些東西的創造性思維可以銘刻在無形實體之上。他是個非常貧窮的人，住在租來的房子裡，只能靠每天賺來的錢生活；而他無法理解所有財富都屬於他這個事實。所以，在思索過這件事以後，他決定可以合

理要求一塊新地毯鋪在他最好的房間地板上，還要有個無煙煤爐在寒冷的天氣裡取暖。按照這本書的指示，他在幾個月內就獲得了這些東西，然後他恍然大悟，他要的還不夠。他徹查了一遍自己居住的房子，計畫了他想在屋裡做出的所有改善。他在心裡替這邊加上一個凸窗，替那邊加上一個房間，直到心裡完整出現了他的理想家園為止，他接著計畫了家具配置。

他牢牢記住這幅完整的圖像，開始用特定方式生活，並且朝著他想要的方向前進；現在他擁有了那棟房子，並且正按照他心像中的形式來重建它。現在他抱著更大的信念，要取得更大的事物。照著他的信念，此事成就在他身上 ⁵，對你還有我們所有人來說也都是如此。

5 這裡也模仿了《聖經》裡的句型，〈路加福音〉1:38：「我是主的使女，情願你的話成就在我身上。」

【覺察價值】

1. 「你給每個人的使用價值，都要超過從他身上取得的現金價值；這樣你的每一筆交易，都會讓世界上的生命得到好處。」你在金錢上曾受過不公平待遇嗎？或是你曾讓你工作相關的人員，如你的老闆、員工或客戶受到不公平待遇嗎？為什麼？

    ·······················

2. 承上題，對你來說公平的社會是什麼樣的？和現在的社會差別在哪裡？

    ·······················

3. 「在從競爭層面提升到創造層面的時候,你可以嚴格審視你的商業交易,如果你賣給別人任何一樣對他的人生沒有幫助的東西,就停止這種行為。」回想一個因為「銷售技巧」買下你不需要、對你沒價值商品或服務的經驗,你的感受如何?對你的生命是否有助益?接著,回想一個你近期感覺到「超值」──買下你需要、對你有用或有價值的商品或服務,你的感受如何?對你的生命是否有助益?

4. 你現在的工作如何提供「超值」的商品或服務?試想,你已經在工作中提供了「超值」的商品或服務,你的感受如何?是充滿喜悅還是負擔過重?若是後者,去檢視看看你付出的動機是來自於愛、信心或是恐懼、匱乏?

【覺察欲望】

5. 本章提到彈鋼琴的小男孩，「他體內的音樂是『原
   初實體的敦促』，包含了每一個生命的所有可能
   性；音樂裡存在的一切，都透過這孩子在尋求表
   達。」你是否曾感受過「原初實體的敦促」？它
   正在設法透過你來活著、做到、享受什麼事物？
   打開你所有感官去感受這份欲望，並寫下你的覺
   察。

6. 「神，也就是『唯一生命體』，設法要透過人類
   來活著、做事並享受事物。」承上題，你意識到
   內在欲望後，現在的你能立刻為自己的欲望 ——
   神的欲望做些什麼？

7. 「思考實體對於更飽滿的生命與更好的生活的渴望，導致了所有的縫紉機（或其他你需要之事物）被創造出來。」你是否有對於更好生活的渴望？更好的生活會是什麼樣子？

....

8. 承上題，如果沒有靈感，不妨思考一下：若你的理想都能實現，你的家園會是什麼模樣？你的生活會是什麼狀態？

....

9. 承上題，當畫面越來越清晰，你可以如何運用作者提到的「特定方式」來確保你的理想生活被創造出來？

....

【覺察貧窮】

10.「他們的觀念是：神已經完成祂的工作，造就出
祂想造就的一切，而大多數人必須保持貧窮，因
為流通的事物並不足夠。他們極其執著於這個錯
謬的想法，以至於對要求財富感到羞恥。」你曾
有過貧窮的經驗嗎？感受如何？你感覺到這讓你
的生命變得更多更好，還是有限制的？為什麼？

∙∙∙

11.承上題，貧窮對你有什麼壞處？為什麼？換個角
度，你認為貧窮有什麼好處嗎？為什麼？

∙∙∙

12.用作者「資源是足夠的」、「你們的父樂意把國
賜給你們」的說法來檢視，你的想法是真的嗎？

∙∙∙

【覺察信心】

13.「現在他抱著更大的信心，要取得更大的事物。照他的信念，此事成就在他身上，對你還有我們所有人來說也都是如此。」回顧你至今已成就的事，你是否比從前那個「未曾成就的你」有更大的信心去成就更多事？回想看看：從「尚未成就」到「已成就」的過程中，你的感受如何變化？你的內在欲望如何在這過程中引導你、協助你？你是否在尚未成就時，就已經在心裡有成就之事物的清晰影像？那個影像對於你成就的事有什麼影響？

第 七 章 ─────────────────────────

感激

感激能拉近你和宇宙的距離

上一章的實例向讀者傳達了這個事實：邁向致富的第一步，是把你想要東西的概念傳達給無形實體。這是真的，而你會看到為了這麼做，需要跟無形智慧和諧地產生連結。要確保這種和諧關係，是非常重要又基本的，所以我會花些篇幅討論，並且給你一些指導，如果能遵循這些指導，一定能讓你的想法和神的完全合一。整個心理調整與補償的過程，可以歸納成一個詞，就是「感激」。

首先，你相信有一個智慧實體，所有事物都是從中發展出來的；其次，你相信這個實體會把你渴望的一切都給你；第三，透過一種深刻的感激之情，讓自己與祂產生連結。許多在其他各個方面都能正確安排生活的人，因為缺乏感激而依舊貧窮。接受一份來自神的禮物以後，他們因為沒能表示感謝，與神的紐帶就斷了。

這很容易理解，我們活得越靠近財富的來源，接收到的財富就越多；同樣也很容易理解，總是心存感激的靈魂比起不感恩的靈魂，與神的連結更緊密。當好事降臨的時候，我們越是把感激之情投注在神的身上，接收到的好事就越多，好事來得也越迅速；理由很簡單，感激的心態會拉近心靈與祝福源頭的距離。感激會讓你的心靈與宇宙的創造性能量之間更加和諧，如果這對你來說是個新思維，好好想一下，你會發現這是真的。你已經擁有的美好事物，都是沿著順應特定法則的路線來到你身邊的。感激會帶領你的心靈，沿著這些事物到來的路徑往外走，會讓你和創造性思維保持緊密的和諧，防止你落入競爭性的思維中。

　　光是感激就能讓你持續看向「所有事物」，防止你落入供給有限的錯誤想法中，這種錯誤想法對你的期望來說很致命。感激法則是存在的，如果你想要獲得你追求的結果，就必須遵守這條法則。感激法則是一條自然法則，其作用與回應總是相等

的，並且方向相反。

在感謝讚揚神時，你的心靈充滿感激地向外延伸，那就是力量的解放或支出；感謝一定會到達你讚揚的對象那裡，引起的回應就是立即朝你而去的行動。「你們親近神，神就必親近你們。[6]」這句話中蘊含了心理學真理。如果你的感激強烈且持續，無形實體中的回應也會強烈且持續，你想要的事物總是會朝你的方向來。請注意耶穌的感激態度，祂似乎總是在說：「父啊，我感謝你，因為你已經垂聽了我。[7]」沒有感激，你就不可能發揮出太多力量，因為是感激讓你和「力量」相連。

6　《聖經・雅各書》4:8。

7　《聖經・約翰福音》11:41。

感激能防止你吸引負能量到身邊

不過，感激的價值，不只在於讓你在未來得到更多祝福。少了感激，你無法長時間避免對現狀心懷不滿。當你允許自己的心沉溺在對現狀不滿時，你就開始失去立足之地了。你把注意力集中在普通、平庸、貧窮以及骯髒卑鄙的事物上，而你的心靈也接受了那些事物的形式。然後你會把這些形式或者心像傳送到無形實體上，於是普通、貧窮、骯髒又卑鄙的事物就會來到你身邊。

允許你的心靈沉溺在低劣的事物中，就會變得低劣，並且會讓自己被低劣的事物包圍。另一方面，把注意力集中在最好的事物上，就會讓自己置身於最好的事物中，並且變得最好。我們內在的創造性力量，把我們變成我們關注的事物的形象。我們是思考的實體，而思考實體總是會採用它思考到的形式。感激的心靈總是專注在最好的事物上，因此通常會變成最好的事物；它採取最好事物的形式

或特徵，而且會接收到最好的事物。

信念也是從感激中生出的。感激的心靈不斷期盼美好的事物，而期盼變成了信念。感激對心靈的反應產生了信念，而每一波向外的感激都會增強信念。缺乏感激之情的人，無法長期保有活生生的信念；少了活生生的信念，你就無法靠創造性方法致富，像我們在接下來幾章裡會看到的那樣。所以要養成習慣，感激來到你身邊的每件好事，並且要持續感恩。而因為所有事物都對你的進步有所貢獻，你應該把所有事物都包含在你的感激範圍之中。

不要浪費時間去思考或者談論富豪或企業大亨的缺點或錯誤行為。他們組織世界的方式創造出你的機會，你得到的一切其實是因為他們才來到你身邊。不要對腐敗的政客發火，如果沒有政治家，我們會陷入無政府狀態，而你的機會將大幅減少。神花了很長時間，非常有耐性地把我們帶到目前的企業與政府狀態，而且祂還在繼續工作。毫無疑問的是，祂會在用不到富豪、企業大亨、工業鉅子與

政治家的時候，就把他們攆走；但在此刻，看啊，他們全都是非常好的。請記得，他們全都幫忙安排了財富傳輸的管道，讓你的財富沿著這些管道到來，要對他們所有人心存感激。這會帶領你和一切事物中的善進入和諧的關係，而一切事物中的善都會朝你而來。

致富練習

【覺察感激的作用】

1. 「你相信有一個智慧實體，所有事物都是從中發
   展出來的；其次，你相信這個實體會把你渴望的
   一切都給你；第三，透過一種深刻的感激之情，
   讓自己與祂產生連結。」作者表示感激是與神連
   結的關鍵，也是心理調整與補償的過程。針對上
   述的第一句的三個步驟，用 1-10 評估你目前的進
   展程度，10 代表極高，1 代表極低。

相信有一個智慧實體：

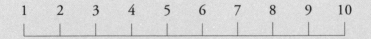

相信這個實體把你渴望的一切都給你：

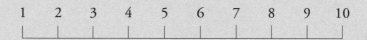

透過一種深刻的感激之情，讓自己與祂產生連結：

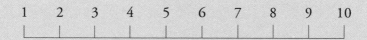

2. 「總是心存感激的靈魂比起不感恩的靈魂，與神
   的連結更緊密。」回想一個你真誠感激別人的經
   驗，這樣的情感情緒，甚至更進一步的表達，是
   否有加深你們之間的連結？為什麼？再回想一個
   別人真誠感激你的經驗，是否有加深你們之間的
   連結？為什麼？

3. 承上題，目前的生活中有什麼值得感激神的部分，
   特別是財富相關的贈與？列成一份清單，更可以
   每天寫進日記裡，能夠更容易領受這份祝福。

······································

4. 「當好事降臨的時候，我們越是把感激之情投注
   在神的身上，接收到的好事就越多，好事來得也
   越迅速。」

   （1） 最近發生什麼好事？或拉遠一點來看，你這
        一生發生了哪些好事？有哪些值得感激的部
        分？你會把功勞歸給至高力量——神嗎？你
        能認出至高力量在這件好事上的作用嗎？是
        什麼？

······································

(2) 當一個人事物為你服務、讓你獲益，你會如何表達感激？口頭示意、寫信或是送上禮物？若你認為神在協助你、賜福予你，請花點時間，甚至發揮創意表達感謝，並實際執行。感謝後，覺察自己的感覺與變化。

【覺察支持】

5. 「少了感激，你無法長時間避免對現狀心懷不滿。當你允許自己的心沉溺在對現狀不滿時，你就開始失去立足之地了。」回想你上一次充滿感激之情的經驗，你的感覺如何？那樣的心境狀態和平時相比，甚至和不滿時的狀態相比，哪一個更有力量、離夢想更接近？哪一個更容易發生好事、感受到神的支持？

6. 「把注意力集中在最好的事物上，就會讓自己置身於最好的事物中，並且變得最好。我們內在的創造性力量，把我們變成我們關注的事物的形象。」如果感激的益處如作者所說的那麼多，你可以如何幫助自己持續不斷地，將注意力集中在最好的事物上？每天誦讀肯定語、撰寫感恩日記，或貼一張讓你感覺到感激的圖像、照片或文字標語在牆上。

7. 「不要浪費時間去思考或者談論富豪或企業大亨的缺點或錯誤行為。他們組織世界的方式創造出你的機會，你得到的一切其實是因為他們才來到你身邊。」想到社會、政治、財團等字詞你的感覺是什麼？它們對你有何意義？它們的存在是否對你有益？若你看見了它們對你的服務，你可以如何表達感激？

【覺察信念的形成】

8. 「信念也是從感激中生出的。感激的心靈不斷期盼美好的事物，而期盼變成了信念。」「缺乏感激之情的人，無法長期保有活生生的信念；少了活生生的信念，你就無法靠創造性方法致富。」列舉你一個深信不疑的信念，你認為理所當然的道理，或是信奉遵循的觀念，例如子女就應該孝順父母，並回想這個信念是如何形成的？

9. 你是否有體驗過，試圖想要相信某個美好的想法，但沒有持續或足夠的感激和期待支持，最後只感覺到空洞、虛偽的經驗？比如你可能想要相信「我是安全的」、「我是豐盛的」、「我的所有需求都會被滿足」，但仍然會在危機時刻感到動搖和恐懼。

10.為了保有活生生的信念，靠著創造性方法致富，
　你是否願意持續練習，維持感激的心？試著從每
　天感激的事開始。

用特定方式思考

把渴望聚焦成清晰的心像才能成功

　　回到第六章，有個男人對他的房子形成了一幅心像，再讀一遍這個故事，你對邁向致富的初始步驟，就會有很清楚的概念。你必須對想要的事物形成一個清楚而確定的心像；除非你自己就有這個概念，否則無法傳送出去。在你能給出這個概念之前，你得先擁有它；而許多人沒能銘刻在思考實體之上，因為他們對於自己想做、想擁有、想成為的東西，只有一個模糊朦朧的概念。光是渴望擁有財富「來做好事」是不夠的，每個人都有那種渴望。

　　只是希望要去旅行、看看不同事物、活得更豐富等，也是不夠的。每個人也都有那些渴望。如果你要發一份無線電報，傳訊息給朋友，你不會發一封裡面只有照順序排列的字母給他，讓他自己去組合要給他的訊息，也不會從字典裡隨機選幾個詞傳給他。你會送出連貫的句子，有某種意義的句子。在你設法把渴望銘刻在實體上時，請記得，必須用

連貫的句子來銘刻；你必須知道你想要什麼，而且要明確。如果送出未成形的、模糊的渴望，你永遠不可能致富，或將創造性力量變成行動。

再次審視你的欲望，就像我描述的那個男人重新思考他的房子一樣；只看著你想要的東西，然後描繪出清晰的心像，就像你期望得到它時該有的模樣。你必須在心中時刻牢記這幅清晰的圖像，就像水手始終記得他要駛向的港口；你必須一直維持看向那裡，不能讓它脫離你的視線，就像舵手不會讓羅盤離開視線一樣。

你不需要練習專注，也不需要特意空出時間來祈禱與肯定，也不用「陷入靜默」，更不需要任何一種神祕學上的花招。這些事情沒什麼不好，但你需要的只有知道自己想要什麼，而且渴望到足以讓它留在你的想法中。

盡可能多利用閒暇時間去想你的願景。不過，沒有人需要練習把注意力集中在他真正想要的事物

上，只有那些你不真正在乎的事情，才需要努力去集中注意力。除非你真心想致富，使得這股欲望強烈到像是被磁極吸引的指針一樣，足以讓你的渴望導向那個目的，否則去嘗試執行本書裡給予的指示幾乎是不值得的。

這裡列舉的方法，是給那些強烈渴望財富到足以克服好逸惡勞、能讓這些方法生效的人。所以你的願景越清晰、越明確，然後越是反覆思索它，帶出所有美好的細節，你的欲望就會變得越強烈。而你的欲望越強烈，就越容易在心中鎖定你想要的事物畫面。然而，清楚看見這幅畫面還不夠，有必要再多做一點。如果你只有這樣做，那你就只是個夢想家，幾乎沒有能力去實現。

用已經擁有的口吻來談論你的願景

在你清晰的願景背後，必定要有實現它的決心，把它變成實際的表達。而在這個決心背後，必定是一個無可匹敵與決不動搖的「信念」：這個東西已經是你的了，它「近在手邊」，你只要去取就好。

打從心裡認為自己住在新房子裡，直到新房子在你周遭實際成形為止。在心靈的領域裡，讓自己立刻完整享受你想要的事物。「所以我告訴你們，凡你們禱告祈求的，無論是什麼，只要信是得著的，就必得著，[8]」耶穌這麼說。看著你想要的事物，好像它們已經時時刻刻在你身邊，看見自己正擁有並使用它們。在想像中使用它們，就像當它們成為你的財產時，你也會這樣使用它們一樣。沉浸在你的心靈畫面中，直到它清楚明確，然後對這幅畫面裡的 切事物，都採取「擁有者的心態」。在

8　《聖經・馬可福音》11:24。

心中占據它，完全相信它就是你的。堅持這個心靈上的擁有權，一刻也別動搖，相信它就是真的。

並且請記住前一章裡談過的感激；時時刻刻都要滿懷感謝，就像想要的東西到來時你預期中會有的那樣感謝。一個人如果能夠為了只在想像中擁有的事物就誠摯地感謝神，他有真正的信念。他會致富，他會讓任何他想要的事物被創造出來。

你不需要為了想要的事物反覆祈禱，不必天天跟神提這件事。「不可像外邦人，用許多重複話，」耶穌對他的門徒們說道：「因為你們沒有祈求以先，你們所需用的，你們的父早已知道了。[9]」

你要做的部分，是明智地構想出對於能拓展人生的事物的渴望，並且把這些渴望整合成一個融貫的整體，然後把這「整體欲望」銘刻到無形實體上，祂有力量也有意願，把你想要的事物帶給你。你無法靠著重複某些話語來銘刻，你是靠著用不可動搖

---

9 《聖經‧馬太福音》6:7-8。

的「決心」去堅持並得到這個願景，而且堅定的「相信」你確實得到它了。

祈禱的回應不是取決於你說話時的信念，而是取決於你工作時的信念。特別空出一個安息日，告訴神你想要什麼，然後在一週的其他時間裡都把祂拋諸腦後，這樣做打動不了祂。如果你只在特定時間進入你的私室祈求，然後就把這件事拋諸腦後，直到祈禱時刻再度來臨，也是不可能打動祂的。

口頭祈禱還算不錯，而且有其效果，尤其是對你自己，這麼做可以釐清你的夢想、強化你的信念；但並不是口頭祈求讓你得到想要的事物。為了致富，你不需要「甜美的祈禱時刻」，而是需要「不斷祈禱」。而講到祈禱，我的意思是堅定地維持你的願景，決心讓它成為真實，而且相信你正在這麼做。

一旦你清楚地形成願景以後，整件事情的接收面向就會打開。當你的願景已經形成，以虔誠的

祈禱口吻向神述說，是很好的。而你必須從那一刻起，就在心裡接收你要求的事物。住在新房子裡、穿著精緻的衣服、搭汽車、去旅行，並且有信心地計畫更盛大的旅行。用現在已經擁有的語氣，來思考並談論種種你已經要求的事物。想像一個環境、一種財務狀況，正如同你想要的那樣，並且時時刻刻活在那個想像的環境與財務狀況中。然而，請記得，你並不是以一個夢想家、空中樓閣建築家的身份這樣做；你要堅持想像場景會被實現的「信念」，還有實現它的「決心」。記得，在運用想像時，正是信念與決心在科學家與夢想家之間做出了區別。而在了解這個事實後，你必須學習如何正確運用「意志」。

致富練習

【覺察願景】

1. 「你必須對想要的事物形成一個清楚而確定的心像；除非你自己就有這個概念，否則無法傳送出去。在你能給出這個概念之前，你得先擁有它。」你有想要的事物嗎？你想透過致富做些什麼、獲得什麼或成為什麼？你的願景是什麼？你對你想要的事物有一個清楚而確定的心像嗎？練習將你的願景視覺化，寫下它、畫下它、用既有的圖像拼貼出來，或實際造訪與你願景相似之處。

2. 「沒有人需要練習把注意力集中在他真正想要的事物上，只有那些你不真正在乎的事情，才需要努力去集中注意力。」你曾經有過真正想要、真

正在乎的事情，擁有過像是磁極抓住了羅盤指針那般的強烈欲望嗎？那是什麼樣的感覺？是否能夠重現呢？

· ·

3.　「你需要的只有知道自己想要什麼，而且渴望到足以讓它留在你的想法中。」作者認為當你知道自己的欲望是什麼並急切地想實現，就會使欲望留在你的思緒中。你實際上有多急切想要顯化你的渴望？（1 表示「極少」，10 表示「極多」）

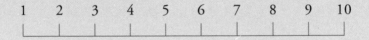

1　　2　　3　　4　　5　　6　　7　　8　　9　　10

4.　「你要做的部分，是明智地構想出對於能拓展人生的事物的渴望，並且把這些渴望整合成一個融貫的整體，然後把這『整體欲望』銘刻到無形實體上，祂有力量也有意願，把你想要的事物帶給

你。」你已明智地構想出你對於能夠拓展人生的事物所具備的欲望了嗎？是哪些欲望得以協助你拓展人生呢？你個別的欲望能夠安排成一個融貫的整體嗎？花點時間做視覺化練習，並填入更多細節，使它們看起來更加融貫與完整。

· ·

【覺察信念】

5. 「在你清晰的願景背後，必定要有實現它的決心，把它變成實際的表達。而在這個決心背後，必定是一個無可匹敵與決不動搖的『信念』。」若只有願景與決心，卻缺乏相信自己可以實現的堅定信念，可能會發生什麼事？你曾經有這樣的經驗嗎？感覺如何？

· ·

6. 承上題，若你同時擁有願景、決心與信念，你的感覺和行動上可能有什麼不同？回想一個你覺得理所當然會發生，而後續也順利發展的事情，並覺察你在過程中的願景、決心與信念。

7. 「一個人如果能夠為了只在想像中擁有的事物就誠摯地感謝神，他有真正的信念。他會致富，他會讓任何他想要的事物被創造出來。」你能夠為了還只在想像中擁有的事物保持感激之情嗎？或是你曾有過這樣的經驗嗎？當下是什麼樣的情境和心境？不妨花點時間感謝神，並養成習慣，為了預期會發生的事物心存感激。

8. 「為了致富，你不需要『甜美的祈禱時刻』，而是需要『不斷祈禱』。而講到祈禱，我的意思是

堅定地維持你的願景，決心讓它成為真實，而且相信你正在這麼做。」你如何定義祈禱？你相信祈禱的力量嗎？你都如何祈禱、如何向至高力量表達？你用的是「我希望」、「我想要」還是「我擁有」做為開頭？

. . . .

9. 你經常祈禱嗎？你能夠如何提升祈禱的頻率和強度，以維持自己的願景，加強自己的決心與信念？

. . . .

第 九 章

如何運用意志

不要試圖把意志加諸在
他人或神的身上，用在自己身上就好

　　要用科學的方法致富，你不會試著把意志加諸
在自己以外的任何事物上。無論如何，你都沒有權
利這麼做。把你的意志加諸在其他男女身上，好讓
他們去做你希望做到的事，這是錯的。

　　用心理手段去脅迫他人跟用肢體去脅迫他們
一樣大錯特錯。如果靠身體暴力迫使他人為你做事
是把他們當成奴隸，用心理手段強迫他們也是一
樣，唯一的差別在於方法。如果靠肢體暴力從別人
身上拿走東西是搶劫，那麼用心理手段拿走東西也
是搶劫，原則上沒有差別。

　　你沒有權利把你的意志加諸在另一個人身上，
甚至「為他好」也不行；因為你不知道什麼才是對
他好。致富的科學不需要你把力量或暴力，以任何
方式加諸在任何人身上，連最小的一點必要都沒

有。說真的，把意志加諸在別人身上的每個嘗試，只會適得其反。你不必為了迫使事物來到你身邊，而把意志力運用在事物上。

這只是試圖去脅迫神，而這麼做既愚蠢又無用，還很不敬。你不必強迫神給你好東西，就像你不必用意志力去讓太陽升起。你不必用你的意志力去征服不友善的神祇，或者讓固執叛逆的力量聽從你的指使。神對你是友善的，而且急著把你想要的東西給你，比你想得到的心還更急切。要致富，你只需要把意志力用在自己身上。

在你知道怎麼想、怎麼做以後，你就必須用意志力來迫使自己去想與做正確的事情。那就是以正當方式運用意志力，來取得你想要的東西——以此來讓自己堅持正確路線。用意志力來讓自己維持用特定方式思考與行動。不要嘗試把你的意志、思緒或心靈往外投射到半空中，對事物或他人「起作用」。把你的心靈留在家裡；它在這裡比起其他地方，可以完成更多事。用你的心靈對想要的事物形

成一個心像，並且用信念與決心堅持那個願景；運用意志力來確保你的心靈用「正確方式」運作。你的信念與決心越堅定、越持續，致富的速度越快，因為你只會在無形實體上留下「正面」的印象，不會用負面印象中和或者抵銷它們。

就我所知，你用信念與決心堅守的欲望圖像，會被無形之物接受，而且讓它瀰漫到整個宇宙。隨著這個心像散播出去，所有事物都朝著實現它的方向啟動；每個生物、非生物，還有尚未被創造的事物都被撥動了，要去實現你想要的事物。所有力量開始朝那個方向施力，所有事物開始朝你的方向移動。每個地方的人類心靈都受到影響，要去做滿足你的欲望必須做的事，他們無意識地為你工作。

但你要是開始在無形實體上留下負面印象，就可能會停止這一切。懷疑或不信，也必定會啟動一個離你而去的行動，就像信念與決心會啟動一個朝你而來的行動。因為不理解這一點，大多數嘗試利用「心靈科學」致富的人都失敗了。你花在關注懷

疑與恐懼的每個時刻，你花在擔憂的每個小時，你的靈魂被不信占據的每個小時，都在智慧實體的領域裡，發動了一陣離你而去的浪潮。所有承諾都會在相信的人身上實現，也只會在他們身上實現。注意耶穌在信念這一點上是如何堅持的，現在你就知道理由何在了。

不要談論貧窮、關心貧窮，連想都不要想

既然信念是最重要的，你應該看緊你的思緒。而當你觀察與思考到的事情會大幅度形塑你的信念時，重要的是控制你的注意力。而意志力在此會派上用場；因為你正是藉由意志力，才決定了注意力應該集中在什麼事物上。如果你想要變得富有，你絕對不能研究貧窮。事物不會透過思考它們的對立面而被實現。健康絕對不是透過研究疾病與思考疾

病而獲得，正義不是透過研究罪惡與思考罪惡來提倡，也從沒有人曾經透過研究貧窮與思索貧窮而致富。醫學作為疾病的科學，增加了疾病；宗教作為罪惡的科學，提倡了罪惡；而經濟學研究貧窮，讓這個世界充滿了悲慘與匱乏。

　　不要談論貧窮；不要研究它，也不要關心它。永遠不要在乎是什麼導致貧窮，這跟你沒有半點關係。跟你有關的是解方。不要把你的時間花在慈善工作或慈善行動上；所有的慈善事務，通常只會讓它打算根除的不幸長存。我不是說你應該鐵石心腸或者麻木不仁，拒絕聆聽需求的呼喊；但你絕對不能嘗試用任何傳統方式根除貧窮。把貧窮拋諸腦後，把所有跟它有關的東西都拋諸腦後，然後「獲得成功」。去致富吧，那是你能幫助窮人的最佳方式。

　　如果你在心裡填滿了貧窮的圖像，就無法維持讓你富有的心像。不要讀詳盡描述廉價公寓居民慘況、童工恐怖經歷等等的書報。不要讀任何會在你

心裡填滿匱乏、苦難、陰沉影像的東西。知道這些事情，根本無法讓你幫助窮人；而這些廣為流傳的相關知識，也絲毫無法解決貧窮。

能夠解決貧窮的，不是把貧窮的景像灌輸到你的思維裡，而是把財富的景像送進窮人的思維裡。當你拒絕讓心中充斥這種悲慘畫面時，並不是把窮人遺棄在他們的慘況中。貧窮可以被解決，但不是靠著讓更多富裕的人去思考貧窮，而是讓更多窮人有決心與信念要致富。窮人不需要慈善，他們需要激勵。慈善只會送他們一條麵包，讓他們在慘況中勉強維生，或者給他們一些娛樂，好讓他們有片刻遺忘；但激勵會讓他們從慘況中雄起。如果你想要幫助窮人，就向他們示範他們也可以變得富有，透過讓你自己致富來證明。

讓貧窮從這個世界上消失的唯一方法，就是讓越來越多人實踐這本書的教誨。要教導人們靠創造來致富，而不是靠競爭。每個透過競爭致富的人，都會把用來往上爬的梯子踢開，讓其他人繼續待在

下面。但每個透過創造致富的人都會打開一條路，讓數以千計的人跟隨他，並且激勵他們這麼做。

在你拒絕憐憫貧窮、看見貧窮、讀到貧窮，或者拒絕思考它、談論它、聽別人談論它的時候，並不是表現出你的鐵石心腸或者沒血沒淚。用你的意志力，讓你的心靈和貧窮的主題「保持距離」，並且以信念與決心，「專注在」你想要的願景上。

致富練習

【覺察意志力的焦點】

1. 「你不必強迫神給你好東西,就像你不必用意志力去讓太陽升起⋯⋯神對你是友善的,而且急著把你想要的東西給你,比你想得到的心還更急切。要致富,你只需要把意志力用在自己身上。」你曾經為了迫使事物來到你身邊,而把你的意志力運用在事物上,即曾經想控制外在事物嗎?為什麼需要這麼做?你當時的感覺如何?

2. 「你沒有權利把你的意志加諸在另一個人身上,甚至『為他好』也不行;因為你不知道什麼才是對他好。」你曾把你的意志力運用在另一個人身上(想透過意念、想法甚至言語,使那個人按照

你的意志行動、發展）嗎？你的意圖是什麼？你認為你比對方正確或強大嗎？你當下有什麼感覺？當你這麼做的時候，你們的關係如何？氣氛是緊繃還是和諧？

【覺察意志力的作用】

3. 「你用信念與決心堅守的欲望圖像，會被無形之物接受，而且讓它瀰漫到整個宇宙。隨著這個心像散播出去，所有事物都朝著實現它的方向啟動。」你相信上述的內容嗎？當你想像上述的畫面，你的感覺如何？想像一下，若你對此說法深信不疑，你的想法和行動上會和現在有什麼不同？

4. 「既然信念是最重要的，你應該看緊你的思緒。而當你觀察與思考到的事情會大幅度形塑你的信念時，重要的是控制你的注意力。而意志力在此會派上用場；因為你正是藉由意志力，才決定了注意力應該集中在什麼事物上。」依作者的說法，意志力可以被理解為有意識控制注意力的能力。你認為控制注意力或集中注意力在自己想要的事物、正確的事情上，就能夠容易運用意志力嗎？你是否曾有過想運用意志力行動、做選擇，但感到掙扎或挫敗的經驗呢？例如可能想為自己選擇清淡的食物，最後卻選擇了鹽酥雞；或是想要早睡早起，但敗給了影集。對比其他你可以掌控注意力的事情，你認為兩者有何不同？

5. 若你總是放任注意力四散在不想要的事物上，不妨回顧或多加留意看看，當你的心靈不在家裡，它通常去了哪裡？心靈的漫遊會對於致富和願景

的實現產生什麼影響？

....

6. 現在試著聚焦在你的願景上，然後同時留意你的
注意力是否為你所掌控，還是開始漫遊？如果開
始漫遊，是什麼念頭冒出來使你分心，紀錄下來，
並持續覺察。

....

7. 「如果你想要變得富有，你絕對不能研究貧窮。
事物不會透過思考它們的對立面而被實現。」你
曾經因為想要致富而研究過貧窮嗎？或是想要變
得健康而研究疾病？當時的感覺如何？是感到擴
展還是緊縮？研究有讓你對於變得富有或健康更
有信心和力量嗎？

....

8. 「如果你在心裡填滿了貧窮的圖像，就無法維持讓你富有的心像。」你能如何協助自己維持富有的心像呢？可能是將願景的圖像張貼在你的生活環境中，也可以從減少心裡的貧窮圖像開始，例如減少收看社會新聞，或是斷捨離家中或生活中使你聯想到貧窮的事物，你願意試試看嗎？把想到的做法一一列下來。

....

【覺察慈善】

9. 「所有的慈善事務，通常只會讓它打算根除的不幸長存。……去致富吧，那是你能幫助窮人的最佳方式。」「貧窮可以被解決，但不是靠著讓更多富裕的人去思考貧窮，而是讓更多窮人有決心與信念要致富。窮人不需要慈善，他們需要激勵。」你曾經做過慈善嗎？你認為如何做才可以

真正幫助到窮人？或回想看看，當你身處弱勢或
感到無助時，你真正需要的幫助是什麼？

. . . .

第 十 章 ————————————————

進一步運用意志

世界終會擺脫貧困，
專注致富是你最高貴的目標

　　如果你一直把注意力轉向相反的畫面，無論是外在還是想像的畫面，你都無法留住真實且清晰的財富願景。如果你過去有財務問題，不要講出來，根本就不要想起它們。不要去談論你父母的貧窮，或者你早年生活的艱辛；做任何這樣的事情，就是此刻在心理上把自己歸入貧窮階級，而這肯定會阻礙渴望的事物流向你的行動。

　　「任憑死人埋葬他們的死人，」就像耶穌所說的一樣。把貧窮與所有關於貧窮的事情完全拋諸腦後。你已經接受某種宇宙理論是正確的，而且把你所有幸福的希望，都寄託在它的正確性上，當你去注意與此衝突的理論，能得到什麼？不要讀告訴你世界很快就要終結的宗教書籍，也別去讀扒糞記者與悲觀哲學家告訴你世界就要毀滅的文章。這世界不會走向毀滅，它會迎向神。這是一個美妙的轉變

過程。

　　沒錯，可能有很多事物的現狀令人不快，但這一定會過去，研究它們有什麼用呢？研究它們只會阻礙它們消失，把它們留在我們身邊。為什麼要花時間和精力去關心那些正被演化發展所淘汰的事物上，你明明可以盡你所能提振演化發展的速度，好加速淘汰它們？無論某些國家、區域或地方的狀況看起來有多　可怕，考慮這些只會浪費時間、破壞自己的機會。你應該把興趣放在讓世界變得富有上。

　　要想著世界將要獲得的財富，而不是它逐漸擺脫的貧困。並且牢記在心，你能協助世界變得富有的唯一方式，就是透過創造性方法讓自己變得富有，而不是用競爭手段。把你全部的注意力放在財富上，無視貧窮。每當你想到或談到窮人時，把他們視為正在變得富有的人，視為即將被祝賀而不是被憐憫的人。然後他們跟其他人會抓住這種激勵，並且開始尋求擺脫貧窮的出路。

我說你要把全部的時間、心靈與思緒都留給財富，但你不會因此就要變得利欲薰心或卑鄙惡劣。真正變富有是你人生中能擁有的最高貴目標，因為這包含了其他的一切。在競爭層面上，致富的掙扎是一種邪惡的爭奪戰，爭搶壓倒其他人的力量；但當我們進入創造性心態的時候，這一切就改變了。

在成就偉大、舒展靈魂、還有服務人群與做出崇高努力這些方面，所有的可能性都是透過致富之道而成立的，一切都是透過事物的運用而變得可能。如果你身體不健康，你會發現獲得健康的條件是取決於你是否致富。只有從財務困擾中解放出來的人，以及財力足以讓生活無虞並遵守衛生習慣的人，才能擁有並維持健康。

只有超脫生存競爭戰役的人，才有可能達到道德與性靈的偉大；而只有在創造思維層面上變得富有的人，才能從競爭的墮落影響中解脫。如果你專注家庭之樂，請記得，在優雅精緻、思維層次高又免於腐敗影響的環境裡，愛最能夠欣欣向榮；而只

有在運用創造性思維、不靠衝突、敵對獲得財富的地方，才能找到這些。

親身示範致富之路，
是你給他人最好的禮物

我再說一次，在你立志追求的目標之中，沒有比致富更偉大或高貴的了。你必須把注意力鎖定在財富心像上，排除任何會輕易讓願景變得黯淡模糊的事物。你必須學會看出所有事物中的潛在「真理」，你必須看到在所有看似錯誤的情況背後，偉大的神總是朝著更飽滿的表達與更完整的快樂而去。這是真理：沒有貧窮這種東西，只有財富。某些人仍舊貧窮，因為他們不知道財富也屬於他們；而要教他們這些事，最好的方式就是透過你的親身實踐，展示通往富裕之路。還有一些人會貧窮，是因為他們雖然感覺到有一條出路，在知性上卻太好

逸惡勞，無法付出必要努力，找到那條路並往前走。對於這些人，你能做的最好的事，就是向他們展現正當致富帶來的幸福，來喚醒他們的欲望。

另外有些人仍然貧窮，是因為雖然對致富的科學有些概念，卻迷失在形上學與神祕學理論的迷宮裡，不知道要走哪條路。他們嘗試了許多系統的混合，卻都失敗了。對於這些人來說最好的作法，仍然是你用親身實踐來展現正確的方法給他們看，一盎司的實作，抵得過一磅的理論闡述。

你能為整個世界做的最好的事，就是盡可能發揮自己。服務神與人的方式之中，最有效率的莫過於致富；這是指你用創造性方法，而非競爭性手段致富。還有另一件事，我們非常確定這本書裡詳細提供了致富科學的原則；如果這是真的，對於這個主題，你就不需要讀任何其他書籍。這可能聽起來狹隘又自我本位，但請這麼想：數學中沒有比加減乘除更科學的計算方法，不可能有其他方法。兩點之間只有一條最短距離。科學思考只有一種方式，

就是思考最直接簡單通往目標的路線。比這裡提出的方法更簡潔或更不複雜的「系統」，至今還沒有人想得出來，本書已經剔除了所有不必要的部分。當你開始照做時，把其他所有方法擱置到一邊，徹底趕出你的心靈。

每天讀這本書，隨身帶著它；把內容記起來，別去想其他「系統」和理論。如果你考慮其他理論，就會開始有所懷疑，思想裡會出現不確定與動搖，然後你會開始製造失敗。在你成功並且變得富有之後，可以盡情去研究其他系統。但在你確定已經得到自己想要的事物以前，不要讀其他任何相關主題的書，除非是序言裡提到的那些作者寫的。而且只讀和你的願景一致，關於世界新聞最樂觀的評論。

還有，暫停你對神祕事物的探究。不要涉足神智學、招魂術或類似的研究。死去之人確實可能還活著，而且就在附近；但如果他們在，放過他們吧，管好你自己的事。死者的靈魂也許到處都是，他們有自己的工作要做，有自己的問題要解決，而我們

無權干涉他們。我們無法幫助他們，而他們是否能幫助我們也值得懷疑，就算可以，我們也沒有權利打擾他們的時間。放過死者與來世，解決你自己的問題。致富吧。如果你開始涉足神祕學，就會開啟思考上的干擾，必定會讓你的希望毀滅。現在，這一章與前一章讓我們得出以下這段基本事實陳述：

存在一個會思考的實體，所有事物都是從中創造出來的，而這思考實體以其原初的狀態，瀰漫、滲透並填滿了宇宙中的間隙。在這個實體中，一個思想可以製造出思想所想像的事物。人可以在思想中塑造事物，並透過把思想銘刻在無形實體之上，使他所想的事物被創造出來。為了做到這件事，人必須從競爭心態過渡到創造心態；他必須對想要的事物形成一個清楚的心像，並且在他的思想中維持這幅圖像，帶著堅定的「決心」，還有認為他已經得到想要之物的、絲毫不動搖「信念」。封閉他的思維，把一切可能容易動搖決心、削弱願景或抑制信念的一切事物拒之門外。

除了這些，我們即將看到，他還必須以「特定方式」生活與行動。

致富練習

【覺察真理】

1. 「把你全部的注意力放在財富上，無視貧窮。每
   當你想到或談到窮人時，把他們視為正在變得富
   有的人，視為即將被祝賀而不是被憐憫的人。」
   請試著想像所有你在生活中看到、接觸到的負面
   人事物，都正在往正面蛻變，你看到了它們內在
   蠢蠢欲動的原動力、潛能，你有什麼感覺？

   ···

2. 「你必須學會看出所有事物中的潛在『真理』，
   你必須看到在所有看似錯誤的情況背後，偉大的
   神總是朝著更飽滿的表達與更完整的快樂而去。」
   你是否曾經歷過看似錯誤或挫折的事情，到頭來

卻發現是因禍得福？

3. 你如何幫助自己看到真理？你如何幫助自己更容易看到真理 —— 看見所有人事物都朝著更飽滿的表達與更完整的表達移動？

【覺察實作】

4. 「一盎司的實作，抵得過一磅的理論闡述。」回想你是否有學習了一大堆理論、上一堆課、讀一堆書，最後卻沒有實作的經歷，你當時有什麼感覺？現在的你如何看待這段經歷？反之，你曾有過學以致用的經驗嗎？感覺有何不同？

5. 理論派或實作派，哪一種學習方式對你改變更大、
   影響更深遠？

   ....

6. 你在財富方面有多少「實作」？在 1 到 10 的量尺
   上評估你實踐程度（1 表示「極少」，10 表示「極
   多」）。

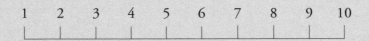

7. 「兩點之間只有一條最短距離。科學思考只有一
   種方式，就是思考最直接簡單通往目標的路線。」
   你相信致富的方法有一條「最短距離」嗎？還是
   你認為這是通往富有的其中一條路徑而已，還想
   到處「貨比三家」後再決定要不要相信和付諸行
   動？

   ....

8. 「封閉他的思維，把一切可能容易動搖決心、削弱願景或抑制信念的一切事物拒之門外。」作者建議讀者對其他流派的致富學說、論述，封閉自己的心靈，對抗可能動搖決心、削弱願景或抑制信念的一切事物，你認為他為什麼會提出這樣的建議？你會遵循他的建議嗎？為什麼？

9.「如果你過去有財務問題，不要講出來，根本就不要想起它們。」你很容易想起，也很容易談論你的財務問題或匱乏的經歷嗎？當你這麼做的時候你有什麼感覺？你是否能下定決心避而不談，並且在你不經意想起時，運用意志力將注意力集中在願景上？

10.「只讀和你的願景一致，關於世界新聞最樂觀的
　　評論。」你可以如何在生活中更專注在「世界新
　　聞最樂觀的評論」，或「和你的願景一致的評論」
　　呢？你能做什麼調整，使這些評論、訊息環繞著
　　你？

··

11.「另外有些人仍然貧窮，是因為雖然對致富的科
　　學有些概念，卻迷失在形上學與神祕學理論的迷
　　宮裡，不知道要走哪條路。他們嘗試了許多系統
　　的混合，卻都失敗了。」你曾想透過神祕學、神
　　智學、玄學等途徑致富或解決問題嗎？那個經歷
　　帶給你什麼感覺？你透過這樣的途徑，有感到更
　　明晰、更有方向或更充滿信心和力量嗎？還是感
　　到更加迷惑、渺小？

··

第十一章 ————————————

用特定方式行動

用行動來接收流向你的財富

思想是創造性的力量，或者說，是讓創造性力量行動的驅策力；以「特定方式」思考會把財富引向你，但你絕對不能光仰賴思考，對於個人行動毫不在意。那是讓許多其他形上學思想家觸礁的岩石——敗在沒有把思想和個人行動連結起來。我們還沒抵達發展階段——假設這樣的階段是可能的，屆時人可以直接從無形實體中創造，不需要自然歷程或者人工——人絕對不能只有思考，個人行動必須補足他的思想。透過思想，你可以讓山脈中的黃金被推向你，但它不會自己開採自己、精煉自己，把自己鑄造成雙頭鷹錢幣，然後沿著馬路找到方向滾進你口袋裡。

在至高力量的驅策下，事物會得到某種指示，讓某個人被引導去為你開採黃金；其他人的商業交易會透過某種指引，讓黃金被帶向你，而你必須安排好自己的商業事務，好讓你能夠在黃金來到你身

邊的時候接收它。你的思想讓所有事物，包括生物與非生物，都運作起來，把你想要的東西帶給你；但你必須把個人活動安排好，在你想要的事物抵達身邊的時候，可以正確地接收。你不是把它當成慈善贈與收下，也不是偷走它；你必須付給別人的使用價值，比他給予你的現金價值來得多。

運用思想的科學，在於對你想要的事物形成一個清楚明確的心像，在於堅持得到你想要之物的決心，也在於以心存感激的信念，領悟到你確實得到自己想要的。不要企圖用任何神祕或超自然的方式「投射」你的思想，打著讓它出去為你做事的主意，那是白費力氣，而且會削弱你健全思考的力量。致富的思想行動在前面各章已經完整解釋過了，你的信念與決心積極地把願景銘刻在無形實體上，它「跟你有一樣的欲望，要享受更多生命」；而這個從你身上接收的願景，驅動了所有運作中的創造性力量，「經由它們慣常的行動管道」直接導向你。引導或者監督創造過程不是你分內的事；你要做的

就只有保有你的願景、堅持你的決心，並且維持你的信念與感激。

　　不過你必須以「特定方式」行動，讓你可以在屬於你的東西來到身邊時接收它；讓你可以遇上在內心圖像裡擁有的事物，並且在它們抵達的時候，把它們擺在適合的位置。你可以馬上看出這點的真實性。在事物抵達的時候，會是在他人手裡，他們會要求跟這些東西相應的代價。而你只能透過給予另一個人屬於他的東西，來得到屬於你的東西。你的皮夾不會搖身一變，成了總是充滿金錢、用不著你出力的福徒拿都（Fortunatus）[10] 的錢包。這是致富科學中的關鍵重點；就在這裡，思想與個人行動必須結合起來。有許許多多的人，有意識或無意識地透過他們欲望的力量與持續渴望，啟動了創造性力量，不過他們仍然貧窮，因為在想要的事物來臨時，他們沒有為此做好準備。透過思想，你想要

---

10 福徒拿都是《聖經・哥林多前書》16:17 提到的一位基督徒，曾經奉獻金錢資助使徒保羅的工作。

的事物被帶來給你；透過行動，你接收它。

現在行動是最重要的

無論你的行動是什麼，很明顯你必須「現在」行動。你無法在過去行動，而對於你願景的清晰度來說，最關鍵的是你要把過去從心中去掉。你無法在未來行動，因為未來還不在這裡。而直到那一刻來臨為止，你無法得知你在任何未來偶然的情況下，會想採取什麼行動。別因為你現在不在正確的行業或正確的環境裡，就認為你必須延遲行動，直到進入正確的行業或環境為止。而且現在別花時間去想未來可能發生的緊急事件的最佳處理方式；要有信心，你有能力應付任何到來的緊急事件。

如果你把心思放在未來，你現在的行動就會三心二意，而且不會有效。把你的全副心思放在現在

的行動上。別把你的創意衝動丟給原初實體之後就坐等結果，如果你這麼做，永遠不會得到結果。現在就行動。除了現在，從來沒有其他任何時間。如果你從沒開始準備接收想要的事物，現在就必須開始。而你的行動，不管是什麼，必定最有可能是在你現在的行業或受僱的地方，而且必然是和你現有環境中的人事物有關。

你無法在你不在的地方行動。你無法在你過去在的地方行動，你也無法在你將會去的地方行動，你只能在你現在所在的地方行動。別浪費心思去管昨天的工作做得很好還是很差，把今天的工作做好。

別嘗試現在做明天的工作；到時候你會有很多時間去做它。別嘗試用超自然或神祕手段，來對你影響範圍外的人或事物採取行動。不要等待環境改變才行動，藉由行動來改變環境。你可以用行動影響你現在所處的環境，讓你自己被送進更好的環境。以信念與決心，堅持處於更佳環境的願景中，

但要以你所有的勇氣、力量與心智，對現在的環境採取行動。不要花時間做白日夢或者蓋空中樓閣，堅持你想要之物的那一個願景，並且「現在」就行動。

不要盤算去找某件新鮮事來做，或者進行某種奇怪、不尋常或引人注目的行動，來作為致富的第一步。可能至少在未來的一段時間裡，你的行動會是過去一段時間裡已經做過的事；不過你現在會開始用特定方式進行這些行動，這肯定會讓你變有錢。如果你參與了某項事業，並且覺得這不適合你，不要等到你進入正確的行業才開始行動。

不要因為你被放錯位置就覺得氣餒，或者坐下來哀嘆。沒有人的位置會錯到讓他找不到正確位置，而且沒有人會在錯誤行業裡參與太深，深到無法進入正確行業。你要維持置身於正確行業的願景，帶著進入那一行的決心，還有你會進入那一行、而且正在入門的信念；不過，要在你現在的行業裡「行動」。用你現在的行業當成進入更好行業

的手段，用你現在的環境當成進入更好環境的手
段。如果以信念與決心堅持你對於正確行業的願
景，就會讓至高力量把正確的行業朝你這裡推過
來；而如果你以特定方式行動，就會讓你朝著那個
行業移動。

如果你是一名雇員或薪水階級，而且覺得你
必須換地方以便取得你想要的事物，不要「投射」
你的思想到半空中，然後仰賴它替你取得另一件工
作。這樣可能會失敗。堅持你自己就在做你想要的
那份工作的願景，同時帶著信念與決心，在你現有
的工作上「行動」，然後你肯定就會得到你想要的
工作。你的願景與信念會讓創造性力量開始啟動，
把它帶向你，而你的行動會讓環境裡的力量，把你
推到你想去的地方。在結束這一章的時候，我們要
加上另一段陳述：

存在一個會思考的實體，所有事物都是從中創
造出來的，而這思考實體以其原初的狀態，瀰漫、
滲透並填滿了宇宙中的間隙。在這個實體中，一個

思想可以製造出思想所想像的事物。人可以在思想中塑造事物，並透過把思想銘刻在無形實體之上，使他所想的事物被創造出來。為了做到這件事，人必須從競爭心態過渡到創造心態；他必須對想要的事物形成一個清楚的心像，並且在他的思想中維持這幅圖像，帶著堅定的「決心」，還有認為他已經得到想要之物的、絲毫不動搖「信念」。封閉他的思維，把一切可能容易動搖決心、削弱願景或抑制信念的一切事物拒之門外。為了讓他可以在想要的事物來臨時接收它，人必須「現在」對他現有環境裡的人事物採取行動。

【覺察行動的重要性】

1. 「在事物抵達你這邊的時候,它們會是在其他人手裡,他們會要求跟這些東西相稱的代價。」回想你曾接收到想要事物的經驗,你是如何讓它被帶來給自己,最後又如何接收到它?在每次收到想要事物時,即便只是吃到一頓好吃的晚餐這樣的小事,留意並覺察這個過程背後運作的機制。當你意識到至高力量在其中的作用,你有什麼感覺?花點時間表達感激。

2. 「透過思想,你想要的事物被帶來給你;透過行動,你接收到它。」依據前幾章你透過思想描繪出的願景,試想看看:你想要的事物會如何透過

你的行動，使你接受到它？為了使夢想成真，你
該如何行動？

- -

【覺察投射】

3.「無論你的行動是什麼，很明顯你必須『現在』
行動。」承上題，為了實踐願景，你現在可以採
取什麼行動？

- -

4.「別浪費心思去管昨天的工作做得很好還是很差，
把今天的工作做好。」作者強調沉溺在過去會是
致富的絆腳石，花點時間檢視現況，你花了多少
時間在回顧你的過去？在從 1 到 10 的量尺上，評
估你花費的時間（1 表示「極少」，10 表示「極

多」）。

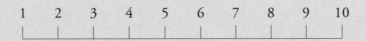

5.「你無法在過去行動，而對於你願景的清晰度來
　說，最關鍵的是你要把過去從心中去掉。」回想
　你曾經如何被記憶阻礙了現在，或是影響了願景
　的清晰度？

. . . .

6.「如果你把心思放在未來，你現在的行動就會三
　心二意，而且不會有效。」作者也不建議行動時
　將心思放在未來，一樣花點時間檢視現況，你花
　多少時間在投射到未來？在從 1 到 10 的量尺上，
　評估你花費的時間（1 表示「極少」，10 表示「極
　多」）。

| 1 | 2 | 3 | 4 | 5 | 6 | 7 | 8 | 9 | 10 |

7. 承上題，回想你曾如何因為花時間想未來可能遇到的緊急事件的最佳處理方式，而阻礙了現在，或變得三心二意？

8. 「不要企圖用任何神祕或超自然的方式『投射』你的思想，打著讓它出去為你做事的主意，那是白費力氣，而且會削弱你健全思考的力量。」你曾把意志、思緒或心靈往外投射到半空中，想對事物或者人「起作用」嗎？例如把你的願望寄託給星星、天使或外星人等，希望它們幫你完成願望，當你這麼做的時候，願望實現了嗎？你的感覺如何？你是否感到踏實或有力量？

【覺察改變】

9. 「不要等待環境改變才行動,藉由行動來改變環境。」你希望環境支持你的行動而採取保守和等待嗎?為什麼?目前的你可以做些什麼來改變環境(以便更支持自己達成願景)?

....

10.「可能至少在未來的一段時間裡,你的行動會是你過去一段時間裡已經做過的事;不過你現在會開始用特定方式進行這些行動,這肯定會讓你變有錢。」按照作者所述,你往致富邁進的第一步會是什麼?你過去一段時間裡已經做的事是什麼?現在如何結合作者所說的「特定方式」來進行這些行動?

....

11. 「用你現在的行業當成進入更好行業的手段，用
　　你現在的環境當成進入更好環境的手段。」發揮
　　你的想像力，你目前的行業如何變成你進入更好
　　行業的手段？你目前的環境如何變成你進入更好
　　環境的手段？當過程畫面變得清晰，你有什麼感
　　覺？

· ·

第 十 二 章 ————————————

有效率的行動

讓每一天都是成功的一天

　　你必須照著前幾章的指導來運用你的思想，開始在你現在的位置做能做的事，而且你必須在你現在的位置做「所有」你能做的事，只有靠著能力高於你現有的位置，你才能夠晉級；而沒有任何能力高於現有位置的人，會留下跟這個位置有關的工作沒做。

　　這世界只能靠能力超越現有位置的人才會進步。如果沒有一個人的能力符合他現有的位置，你可以看到一切事物必定都在走下坡。無法完全勝任現有位置的人，對社會、政府、商業界與企業界來說是累贅，必須靠別人付出很大的代價拖著他們走。世界的進步會被這些能力和位置不相符的人給拖累，他們屬於更早的時代、更低等的生命階段或層級，而且有退化墮落的傾向。如果每個人的程度都配不上他的位置，沒有任何社會能夠進步；社會演化是受到身體與心理演化法則所指引的。在動物

世界裡，演化是由生命過剩所引起的。在一個有機體擁有的生命，多過它自身層級的功能所能表達的時候，就會發展出更高層級的器官，然後一個新的物種就有了起源。

缺少發展程度超過所處地位的有機體，就永遠不會出現新的物種。這條法則在你身上也是一樣的，你會致富，仰賴於你把這條原則運用在自身的事務上。每天要不是成功的一天，就是失敗的一天；而得到你想要的事物，就是成功的日子。如果每天都失敗，你永遠不可能致富；在此同時，如果每天都成功，你就不可能不致富。如果有某件事可以今天做，你卻不去做，在這件事情上你就是失敗的，而且結果可能比你想像的更災難。

甚至連最瑣碎的行動你都無法預見到帶來什麼結果，你不知道所有為你而啟動的力量如何運作。許多事情可能仰賴你做出某個簡單的動作，就打開了機會之門，通往極大的可能性。你永遠不可能知道至高力量在事物與人的世界裡為你做的所有

連結；你疏忽或沒能做到某件小事，可能會導致要延遲許久才能得到你想要的東西。

追求有效率的行動，而不是越多越好

每一天，都要做那天能做的「一切」。然而，上述說法有個你必須列入考慮的限制或限定條件。你不能為了在最短時間裡做到數量最多的事情，過度工作或者盲目地貿然推進你的事業。

你不能企圖在今天做明天的工作，也不能在一天裡做一週的工作。其實重點不是你做的事情數量，而是個別行動的「效率」才算數。每個行動本身要不是成功就是失敗。

每個行動本身，要不是有效率就是沒效率。

每個沒效率的行動都是失敗，而如果你把人生

耗在做沒效率的行動，你的整個人生都會是一個失敗。

如果你的行動都是沒有效率的，你做的事情越多，對你越不好。

另一方面，每個有效率的行動本身都是成功，而如果你人生中的每個行動都是有效率的，你的整個人生「必定」是一項成功。失敗的起因是用沒效率的方式做太多事，卻沒有用有效率的方式做夠多事。你會看出這是個自明的命題：如果你不做任何無效率的行動，而且做了足夠多有效率的行動，你就會變得富有。如果現在你可以讓每個行動都變得有效率，你會再度看到致富被簡化成一種精確科學，就像數學一樣。

所以回到這個問題上：你是否能讓每個行動本身就是個成功。而你肯定能做到這件事。你可以讓每個行動都是一場成功，因為「所有力量」都和你合作，而「所有力量」不可能失敗。力量是為你服

務的，而要讓每個行動都有效率，你只要把力量注入其中。每個行動不是強就是弱，而在每個行動都很強的時候，你用的是會讓你致富的「特定方式」行動。藉由在行動時堅持你的願景，並且把「信念」與「決心」的全部力量都放進去，每個行動都可以強大而有效率。

把心靈力量和個人行動分離的人，就是敗在這一點上。他們在一時一地運用心靈的力量，然後在另一時另一地行動，所以他們的行動本身並不成功，有太多沒效率的行動。不過如果「所有力量」都進入每個行動中，無論這些行動有多平凡，每個行動本身就都會是一項成功。而且因為在本質上就是每個成功都會打開通往其他成功的道路，你朝向想要的東西移動，還有你想要的東西朝你移動，這些發展的速度都會逐漸變快。

請記得，成功行動的結果是會累積的。既然尋求更豐富生命的欲望是所有事物與生俱來的，當一個人開始朝著更寬廣的生命移動時，就有更多事

物會自動依附於他，他的欲望影響力則會倍增。每天都做你那天能做的一切，並且用有效率的方式實踐每個行動。當我說，做每個行動時都必須保持你的願景，無論行動有多瑣碎或平凡，我並不是說你必須隨時清楚看到願景中最微小的細節。這應該是你閒暇時刻要做的事：把你的想像力運用到願景的細節上，深思它們，直到你牢牢記住為止。如果你希望速成，就用你所有的空閒時間做這件事。藉由持續深思，你會讓想要事物的圖像，連最微小的細節，都極其牢固地記在你心裡，而且極其完整地轉移到無形實體上，使得在你的工作時間裡，只要在心裡想到這幅圖像，就能刺激你的信念與決心，讓你做出最大的努力。在閒暇時間仔細思考這幅圖像，直到意識裡滿滿都是它，讓你可以立即就掌握它。對於它的承諾，會讓你變得極為熱忱，以至於光是想到它，都可以召喚出你整體存在的最強能量。

　　讓我們再度重複前面提到的概要，並藉由輕微

改變結語，來帶出我們現在談到的重點。

　　存在一個會思考的實體，所有事物都是從中創造出來的，而這思考實體以其原初的狀態，瀰漫、滲透並填滿了宇宙中的間隙。在這個實體中，一個思想可以製造出思想所想像的事物。人可以在思想中塑造事物，並透過把思想銘刻在無形實體之上，使他所想的事物被創造出來。為了做到這件事，人必須從競爭心態過渡到創造心態；他必須對想要的事物形成一個清楚的心像，並且用信念與決心，去做每一天能做的所有事情，用有效率的方式做每一件事。

致富練習

【覺察能力】

1. 「運用你的思想，開始在你所在的位置，做能做
   的事；而且你必須在你現在的位置做『所有』你
   能做的事。」你認為作者為什麼這麼說？或神為
   什麼希望我們做所有我們能做的事？

   . . . .

2. 你在現在的位置還能做什麼事？將你目前所有能
   做的事列成一個清單，然後按照作者所說的「特
   定方式」一一完成。

   . . . .

3. 「只有靠著能力高於你現有的位置，你才能夠曾

級;而沒有任何能力高於現有位置的人,會留下跟這個位置有關的工作沒做。」你認為作者在此所指的「能力」是什麼?是指世俗追捧的競爭力或實力嗎?還是「生命因為尋求更多的表達而演化」的功能?這兩段敘述符合你的觀察嗎?你有什麼感覺?振奮或是焦慮? 為什麼?

• •

4. 你目前有哪些能力沒有提升 —— 功能沒有表達呢?為什麼?將這些未竟之事列出來,並思考你能如何讓自己的能力更提升、表達。

• •

【覺察成功】

5. 「你會致富,仰賴於你把這條原則運用在自身的

事務上。每天要不是成功的一天，就是失敗的一天；而得到你想要的事物，就是成功的日子。如果每天都失敗，你永遠不可能致富；在此同時，如果每天都成功，你就不可能不致富。如果有某件事可以今天做，你卻不去做，在這件事情上你就是失敗的，而且結果可能比你想像的更災難。」以作者的定義來看，你今天成功嗎？觀察今天的每一件事、每一個行程，你是成功還是失敗，並持續觀察至少一週的時間，檢視自己的成功率是多少。

6. 作者提到「如果有某件事可以今天做，你卻不去做，在這件事情上你就是失敗的」，而這個失敗可能會導致結果不如預期，甚至更差。你如何看待這段話？你是感到恐懼，或是欣然接受？這個說法是否可能會使你過度工作？若要遵循作者所說的「特定方式」，同時維持生活的平衡，你認

為關鍵是什麼？

．．．．．．．．．．．．．．．．．．．．．．．．．

7. 承上題，有哪件事或哪些事是你今天可以做，你
卻不去做的？為什麼？你認為不去做那件事或那
些事，可能會如何影響發展、改變結果？想想看
你可以如何使今天或目前手上的工作更成功？

．．．．．．．．．．．．．．．．．．．．．．．．．

8. 「每個有效率的行動本身都是成功，而如果你人
生中的每個行動都是有效率的，你的整個人生『必
定』是一項成功。」按作者所說的效率的定義來
看，你能分辨什麼樣的工作才算是今天的工作，
什麼樣是明天的工作嗎？你如何判斷個別行動是
否具有「效率」，或者成功與否？試著列出三個
生活中的行動，並一一確認。

．．．．．．．．．．．．．．．．．．．．．．．．．

9. 「你可以讓每個行動都是一場成功，因為『所有
力量』都和你合作，而『所有力量』不可能失敗。
力量是為你服務的，而要讓每個行動都有效率，
你只要把力量注入其中。」你是否曾體驗過「把
力量注入其中」的行動？那是什麼樣的感覺？

....

10.你可以如何協助自己「在行動時維持你的願景，
並且把你的『信念』與『決心』的全部力量都放
進去」，使每個行動強大而有效率？

....

【覺察努力】

11.「甚至連最瑣碎的行動你都無法預見到來什麼結
果，你不知道所有為你而啟動的力量如何運作。

許多事情可能仰賴你做出某個簡單的動作，就打開了機會之門、通往極大可能性。」你是否曾體驗過「某個簡單的動作卻打開了機會之門」的經歷？那是什麼樣的感覺？如何影響了你的生活，甚至你的想法和行動？

12.若你覺察到致富機會蘊藏在行動之中，你是否會更願意、更有動力去行動？你可以如何持續提醒自己這個「處處都可能是機會大門」的真理，讓自己積極進取呢？

13.「如果你希望速成，就用你所有的空閒時間做這件事。藉由持續深思，你會讓想要事物的圖像，連最微小的細節，都極其牢固地記在你心裡，而

且極其完整地轉移到無形實體上，使得在你的工作時間裡，只要在心裡想到這幅圖像，就能刺激你的信念與決心，讓你做出最大的努力。」聚焦於願景可以促使你做出最大努力，而最大努力可以協助你把願景創造出來。顯然深思你想要的事物是一件非常關鍵的事，你願意下定決心花時間深思它們嗎？一天能夠撥出多少時間？寫下你每天願意花費的時間，並把深思安排進你的行程表中。

第十三章 ————————————————

進入正確的行業

欲望是力量的顯化，
當你強烈想做就已經具備能做的力量

　　在任何特定行業裡，成功都仰賴一件事：你具備了那一行所需的、發展良好的技能。少了好的音樂才華，沒有人能成功擔任音樂教師；少了發展良好的機械技能，沒有人能在任何機械相關行業達到偉大的成功；少了外交手腕與商業才華，沒有人能在商業利益追求上成功。不過在特定職業中具備發展良好的技能，並不能保證致富。有些音樂家具備出眾的才華，卻仍舊貧窮；有些鐵匠、木匠及其他人具備優秀的能力，卻沒有致富；還有些商人善於待人處事，卻還是失敗了。不同的技能是工具；有好的工具很關鍵，但同樣關鍵的是，應該用「正確方式」使用這些工具。一個人可能拿起一把銳利的鋸子、丁字尺、刨子等等工具，然後造出一件很漂亮的家具；另一個人可能拿著相同的工具著手複製那件家具，但他的製造成果失敗了，因為他不知道

如何以成功的方式使用好工具。

你的多種心智功能，是你做可以致富的工作時必須使用的工具；如果你對一個行業已經具備有良好的心智工具，會比較容易成功。一般而言，在用上你最強技能的行業裡，你會做得最好，就是你天生「最適合」的那一行。不過這番話也有限制。沒有人應該認為，他的職業只能被與生俱來的傾向所決定。你可以在「任何」行業裡致富，因為如果你沒有正確的才華，你可以發展那種才華。這只是表示你會有必要一邊工作一邊製造你的工具，而不是局限自己只能用與生俱來的那些工具。在你已經有發展良好的才華的職業裡，你會「比較容易」成功；但你「可以」在任何職業裡成功，因為你可以發展任何初步的才華，而沒有一種才華，是你連初步基礎都沒有的。如果你努力做最適合的事情，你最有可能輕易致富；但如果你做「想」做的事情，你會在最滿意的狀況下致富。

做你想做的事就是生命；如果我們被迫永遠

都做某種我們不喜歡做的事，又永遠不能做我們想做的事，生活中就沒有真正的滿足。而可以確定的是，你能做你想做的事，去做這件事的欲望就是證據，證明你體內有能做這件事的力量。

欲望是力量的一種顯化。演奏音樂的欲望，是能夠演奏音樂的力量在尋求表達與發展；發明機械設備的欲望，是機械才華在尋求表現與發展。在沒有力量（無論是已發展或未發展）做一件事的地方，絕對不會有任何做那件事的欲望存在。要是擁有要做一件事的強烈欲望，這就是確實的證據，證明去做那這件事的力量很強烈，只需要用「正確方式」發展與應用這股力量就行。在其他所有條件相同的狀況下，最好選擇你的才華發展得最好的行業；但如果你有強烈的欲望要參與任何特定行業，你就應該選擇那項行業，作為你立志達到的終極目的。

不要倉促轉行，
你永遠都不會缺乏機會

　　你可以做你想做的事，從事最意氣相投又最愉快的行業或職業，是你的特有權利。你沒有義務做你不喜歡做的事，也不應該做，除非把它當成一種手段，帶著你去做你想做的那件事。如果有些過去的錯誤，結果讓你處在一個不討人喜歡的行業或環境裡，你可能會有一段時間被迫做你不喜歡做的事；但既然知道這樣讓你有可能去做你想做的事情，你就可以讓做這件事變得愉快。

　　如果你覺得你入錯行了，不要倉促行動嘗試進入另一行。一般來說，改變行業或環境的最佳方式，是透過成長。如果機會出現了，而你在小心考量之後覺得這是正確的機會，不要害怕做出突然而激烈的轉變；不過在你懷疑要不要這麼做的時候，絕對不要採取突然或激烈的行動。

在創造性層面，絕對不存在任何倉促行事，機會不虞匱乏。當你脫離競爭心態時，你會理解到你從來不需要倉促行事。沒有別人會搶先去做你想做的事；宇宙裡有足夠東西可以分給所有人。如果一個位置被占了，另一個更好的位置就會在稍微遠一點的地方為你開放，有的是時間。在你心生懷疑的時候，請等待。請深思你的願景，並且增加你的信念與決心；而在懷疑與猶豫不決的時候，請務必培養感激之心。

花一兩天沉思你想要的事物的願景，然後誠摯感恩你正要得到它，這樣會帶著你的心靈與至高力量建立起極為親近的關係，讓你確實行動時，不會犯下任何錯誤。存在著一個知曉所有可知之事的心靈；而如果你有深切的感激之心，你可以透過信念以及在人生中進步的決心，與這個知曉一切的心靈達到密切的和諧統一。

錯誤來自倉促行動，在恐懼或疑慮中行動，或是忘記「正確動機」；正確動機是給所有人更多生

命，而不讓任何人的生命變得更少。在你以「特定方式」繼續做事的時候，會有越來越多機會來到你身邊，而你會需要在你的信念與決心上非常堅定，並且透過虔誠的感激之心與「所有心靈」保持密切接觸。每天以完美的方式做你能做的一切，但做的時候不要倉促、擔憂或恐懼。盡你所能的盡快進行，但絕不匆忙。請記得，在你開始匆忙的時刻，你就停止成為創造者，變成一個競爭者了；你再度跌落到舊有的層面去了。

每次你發現自己匆匆忙忙的時候，就暫停一下；把你的注意力集中在你想要之物的心像上，然後開始對你正在獲得它表示感謝。「感激」的練習永遠都會成功地強化你的信念，恢復你的決心。

致富練習

【覺察工具】

1. 「有好的工具很關鍵,但同樣關鍵的是,應該用『正確方式』使用這些工具。」你現在的工作有好的(順手、好用、可幫助你做好工作的)工具嗎?你有按作者所述,正確(注入力量)使用這些工具嗎?思考看看,在你所處的行業裡,你能如何更正確地使用工具,協助自己致富呢?

2. 「你的多種心智功能,是你做可以致富的工作時必須使用的工具;如果你對一個行業已經具備有良好的心智工具,會比較容易成功。一般而言,在用上你最強技能的行業裡,你會做得最好,就是你天生「最適合」的那一行。」你瞭解你目前

具備的心智功能嗎？你的最強技能是什麼？你目前所在的行業需要這具備這些心智功能或技能嗎？想想看，你的能力在哪一行業最能派上用場？

3. 「你可以在『任何』行業裡致富，因為如果你沒有正確的才華，你可以發展那種才華。這只是表示你會有必要一邊工作一邊製造你的工具，而不是侷限自己只用你與生俱來的那些工具。」你喜歡你所在的行業嗎？若你喜歡你的行業，你擁有這行所需的才華嗎？試著列出來。

4. 「如果你努力做最適合的事情，你最有可能輕易致富；但如果你做你『想』做的事情，你會在最滿意的狀況下致富。」如果你發現自己所擁有的才華，與所在行業需要的才華不一致，你想嘗試

轉行嗎？為什麼？

....

【覺察力量】

5. 「做你想做的事就是生命。……你能做你想做的
   事，去做這件事的欲望就是證據，證明你體內有
   能做這件事的力量。」「欲望是力量的一種顯
   化。」你曾壓抑、貶低、批判過你的欲望嗎？你
   看到作者重新說明和定義欲望，有什麼感覺？試
   著重新描述曾被批判的慾望。

....

6. 若你的欲望就是你潛力的展現，你是否低估了自
   己的力量？檢視你的欲望清單，覺察你自己可能

的潛力，並寫下你能做什麼來活化你的力量。

．．．．．．．．．．．．．．．．．．．．．．．．．．

【覺察機會】

7. 「你可以做你想做的事，從事最意氣相投又最愉
快的行業或職業，是你的特有權利。」想像一下，
你正在做你想做的事，正在從事最意氣相投又最
愉快的行業或職業，你想像的畫面是什麼？你感
覺如何？你認為自己值得嗎？為什麼？

．．．．．．．．．．．．．．．．．．．．．．．．．．

8. 承上題，如果你沒有清晰的畫面，不清楚最能使
自己感到意氣相投又最愉快的行業或職業是什
麼，不妨試著回想自己最喜歡做的事，並設想這

件事如果成為一份職業，會是什麼樣的畫面？

....

9. 承上題，如果你還不確定自己最喜歡做的事，你
願意給予自己更多機會去探索、嘗試和確認嗎？
為什麼？

....

10.「在創造性層面，絕對不存在任何倉促行事，機
會不虞匱乏。」「在你心生懷疑的時候，請等待。
請深思你的願景，並且增加你的信念與決心；而
在懷疑與猶豫不決的時候，請務必培養感激之
心。」當你在工作上心生懷疑與猶豫不決，進而
倉促行事時，你的心情如何？你是否意識到你成
為了競爭者？通常你如何應對這份搖擺不安的心

情？以及後續的發展通常會是如何？

· ·

11.在日常生活中，你可以如何帶著你的心靈與至高
力量建立更親近的關係，成為一個創造者？

· ·

12.「一般來說，改變行業或環境的最佳方式，是透
過成長。如果機會出現了，而你在小心考量之後
覺得這是正確的機會，不要害怕做出突然而激烈
的轉變。」若你想改變行業或環境，作者建議可
以積極把握正確的機會，做出大膽的改變。你可
以在機會出現時確認是否正確嗎？你認為該如何
判斷，或需要符合什麼條件，才會是正確的機會？

· ·

第 十 四 章

變得更好更多的印象

把創造更多更好的力量帶給其他人

　　無論你是否改變你的職業，你現在的行動都必須跟你現在投入的行業有關。你能夠藉著建設性地運用你已經站穩腳步的行業，進入你想要的行業；方法是用「特定方式」做你的日常工作。

　　而只要你的行業中包含與其他人往來，無論是親自見面還是透過信件，你所有努力的關鍵思想，必定是把變得更好更多的印象傳達到他們的心靈中。變得更好更多是所有男女都在尋求的；這是他們內在的無形智慧的衝動，在尋求更完整的表達。對於變得更好更多的欲望對整個自然界來說都是與生俱來的；它是宇宙的基礎衝動。所有人類活動都是奠基於變得更好更多的欲望；人都在尋求更多食物、更多衣服、更好的遮蔽之處、更多奢華享受、更多美、更多知識、更多愉悅——增加某樣東西會帶來更多的生命力。

每個生物都處在這種持續進步的必然性之下，生命不再成長的地方，分解與死亡就立刻進駐。人本能地知道這點，因此總是在尋求更多。這種永久增益的法則，是由耶穌在「按才幹受責任的寓言」中提出的：「凡有的，還要加給他，叫他有餘；沒有的，連他所有的也要奪過來 11」。對於增加財富的正常欲望，並不是一種邪惡或該受譴責的事，只是對更豐富人生的欲望，是一種抱負。而因為這是人的本性中最深沉的本能，所有男女都被能夠帶給他們更多生命財富的人吸引。在遵循前面描述過的「特定方式」行動之後，你正在讓自己持續變得更好更多，而且你正在把它帶給你往來的所有對象。

　　你是一個創造性中樞，變得更好更多從這裡散播出去給所有人。請確保這一點，並且把這個事實傳達給你接觸到的每個男人、女人和小孩。無論交易有多小，就算只是賣一條糖果給一個幼童，都要在其中置入更多的思想，並且確保顧客對這個思

---

11 《聖經・馬太福音》25:29。

想有印象。用你所做的每件事把變得更好更多的印象傳達出去，好讓所有人都會接收到這個印象：你是個在進步中的人，而且所有和你往來的人都會進步。就算對於你在社交情境下遇到、完全不牽涉到生意的人，還有你沒打算販賣東西的對象，都要給予變得更好更多的思想。

藉由抱持不可動搖的信念：你，你本人，就在變得更好更多的道路上，還有藉由讓這種信念激勵、充滿並瀰漫在每個行動中，你就可以向外傳達出這種印象。做你所做的每件事時，要堅定確信你是個進步中的人物，而且你正在把進步帶給每個人。請感受你正在致富，而且你這麼做的時候也在讓其他人富有，賦予所有人益處。

不要吹噓你的成功，或者不必要地談論它；真正的信念絕對不愛自誇。無論你在哪發現一個愛自誇的人，你都會發現這個人私底下滿腹懷疑與恐懼。純粹去感受信念，然後讓它在每個交易中發展出來；讓每項行動、語調與外表，表達出你正在致富、你

已經很富有的安靜自信。不必然要用話語來向其他人傳達這種感受，在你面前，他們會感受到變得更好更多的感覺，而且他們會再度被你吸引。你必須讓他人留下這種印象，好讓他們覺得跟你有關聯就會讓自己變得更好更多。請確保你給他們的使用價值，大於你從他們那裡取得的現金價值。

這麼做的時候要有一種誠實的驕傲，並且要讓每個人都知道這點。這樣你就不缺顧客了。人會往他們能得到更好更多的地方去；而欲望是讓所有人和無所不知的神變得更好更多，會讓從沒聽說過你的男男女女都朝你那邊移動。你的生意會迅速增加，即將來到你身邊的意外好處則會讓你感到驚訝。你將會有辦法天天做出更大規模的連結，確保更大的優勢，而且如果你渴望要進入更意氣相投的職業，就會進入。但在做這一切的時候，你絕對不能失去對你想要之物的願景，或者你會得到想要之物的信念與決心。關於動機方面，讓我給你另外一個警告。

小心支配他人和上位的想法
會落入競爭思維

　　請小心這種陰險的誘惑：尋求壓制他人的權力。對於未成形或只發展了一部分的心靈而言，沒有一件事像對他人施展權力或宰制那樣令人愉快。為了自私滿足而遂行統治的欲望，一直是這個世界的詛咒。在無數個時代裡，國王與領主用他們戰役裡的血榨乾土地，以便延伸他們的宰制；這不是為所有人尋求更多生命，而是為自己取得更多權力。

　　在今天，商業與工業世界裡的主要動機是一樣的；人引領著他們的金錢大軍，同樣瘋狂地爭鬥，追求宰制他人的權力，破壞數百萬人的生命與心靈。商業之王，就像政治之王一樣，受到權力欲望的鼓舞。

　　耶穌從這種尋求支配的欲望中，看到祂設法要推翻的邪惡世界所表現出的衝動。讀〈馬太福音〉

的第二十三章，看看祂如何描繪法利賽人想被稱為「夫子」、想居於高位、想宰制他人，還有把重擔壓在較不幸者背上的欲望；並且注意祂如何把這種宰制欲望，拿來跟祂呼籲門徒們懷著兄弟愛尋求的共善做比較。提防這些誘惑：尋求權威，變成一位「夫子」，被視為高於一般群眾之人，透過炫富來讓他人佩服等等。

尋求宰制他人的心靈是競爭性的心靈，而不是創造性的。你完全沒有必要為了宰制你的環境和你的命運，去統治你的同胞；而且說實在話，當你落入這個世界追求高位的爭鬥時，你就開始被命運與環境征服，你的致富會變成機率與投機的事務。當心競爭性心態！對於創造性行為的原則，沒有一句話比已故的托雷多市長「黃金法則」瓊斯[12]最喜愛的宣言說得更好了：「我自己想要的，我也想為每個人爭取。」

---

[12] 山繆‧米爾頓‧「黃金法則」瓊斯（Samuel Milton "Golden Rule" Jones, 1846-1904）在 1897-1904 年擔任俄亥厄州托雷多市市長，經常提倡互惠的「黃金法則」，所以有這個綽號。

致富練習

【覺察對他人的影響】

1. 「而只要你的行業中包含與其他人往來，無論是親自見面還是透過信件，你所有努力的關鍵思想，必定是把變得更好更多的印象傳達到他們的心靈中。變得更好更多是所有男女都在尋求的；這是他們內在的無形智慧的衝動，在尋求更完整的表達。」你曾遇過讓你感覺到「生命變得更好更多」的人嗎？他們在互動、表達上有什麼不同之處？反之，回想你感到富足、變得更多更好的時期，你在待人接物上與平時何不同？

2. 檢視你在工作或生活經常往來的人，思考你可以採取什麼實際行動來傳達變好變多的概念，或是

你是「正在進步」的印象。

．．．．．．．．．．．．．．．．．．．．．．．．．．．．．．．．．．

3. 「你必須讓他人留下這種印象，好讓他們覺得跟
   你有關聯就會讓自己變得更好更多。請確保你給
   他們的使用價值，大於你從他們那裡取得的現金
   價值。這麼做的時候要有一種誠實的驕傲，並且
   要讓每個人都知道這點。這樣你就不缺顧客了。」
   回想你感到滿意、愉快，且不斷回購、回訪的消
   費經驗，你交易的商家讓你留下什麼印象？你是
   否認為從他們取得的使用價值，大於你給予的現
   金價值？

．．．．．．．．．．．．．．．．．．．．．．．．．．．．．．．．．．

4. 承上題，你能如何表達以使每個人都知道你「正
   在致富」，並感受到他們自己也變好變多？同時
   你可以如何做，以確保你給他們的使用價值，人

於你從他們那裡取得的現金價值？

．．．．．．．．．．．．．．．．．．．．．．．．．．

5. 「人會往他們能得到更好更多的地方去；而欲望
是讓所有人和無所不知的人，會讓從沒聽說過你
的男男女女都朝你那邊移動。」你是否曾體驗過，
有人突然出現在你的生活中，並且很關鍵性地把
你推向一個你想去的方向？如果有，請花時間感
激神，使你們更和諧一致。

．．．．．．．．．．．．．．．．．．．．．．．．．．

6. 承上題，當這個人或這些人出現後，你能如何也
給予更多，讓自己成為「變得更好更多」之流的
一環？

．．．．．．．．．．．．．．．．．．．．．．．．．．

【覺察權力的陷阱】

7. 「提防這些誘惑：尋求權威，變成一位『夫子』，被視為高於一般群眾之人，透過炫富來讓他人佩服等等。尋求宰制他人的心靈是競爭性的心靈，而不是創造性的。」你曾尋求壓制他人的權力嗎？通常會在什麼樣的狀態下，你會想要壓制他人？換個角度，當別人在炫富，或認為自己高人一等時，你的心情如何？

....

8. 當你讀到「我自己想要的，我也想為每個人爭取」，你有什麼感覺？請留意若你感覺到不安或質疑，你可能就處在競爭性的心靈。

....

9. 你可以如何協助自己脫離競爭性的心靈，轉換到

創造性的心靈？除了感激，發揮創意，想想看你
能如何協助自己改善。

• •

第 十 五 章 ——————————————————

進步中的人

堅持願景、堅持成長、傳遞富有

　　我在上一章裡說過的話，既適用於參與營利事業的人，也同樣適用於專業人士與薪水階級。無論你是醫師、老師或者牧師，如果你可以讓他人的生命變得更好更多，他們只要意識到這個事實，就會被吸引到你身邊，你則會致富。一位醫師堅持他的願景，把自己看成偉大成功的療癒者，並且就像前幾章裡描述的一樣，帶著信念與決心，朝著完整實現這個願景而努力工作，他就會跟「生命之源」有極密切的接觸，因此他會極端成功，病患們會成群結隊來找他。沒有人比醫師更有機會實現這本書的教誨，這跟他可能屬於眾多學派裡的哪一派無關，因為療癒的原則對所有學派來說都是一樣的，而且所有學派都一樣可以達成目標。醫療界的進取之人有清楚的心像看見自己很成功，而且遵循信念、決心與感激的法則，那麼無論他用的是哪些療方，都會治癒他接下的每個可治癒病例。在宗教領域裡，

這個世界急需能夠教導聽眾豐盛人生真科學的牧師。一個人要是精通致富科學的細節，還有保持健康、成就偉大以及贏得愛的同類科學，而且能夠在講壇上教導這些細節，他絕對不會缺乏信眾。這是這個世界需要的福音，會讓人生變得更好更多，而人們會欣喜地聽這福音，還會大力支持把福音帶給他們的人。

我們現在需要的是從講壇上證明生命的科學。我們想要的傳道人不只能夠告訴我們如何做到，還要以身作則，讓我們看到他是怎麼做到的。我們需要本身就富有、健康、偉大又深受愛戴的傳道人，來教導我們如何獲得這些事物；而在他到來的時候，他會找到無數忠誠的追隨者。對於能夠用進步人生的信念與決心來激勵兒童的老師來說，也是同樣的道理，他永遠不會「沒有工作」。而任何有這種信念與決心的老師，可以傳達給他的學生；如果那是他自身生命與實踐的一部分，他不由自主就會傳達他們。對於老師、傳道人與醫師來說為真的事

情，對律師、牙醫、房地產商人、保險代理人來說也為真——對每個人都為真。

我已經描述過的心理與行動聯合是絕對無誤的，它不可能失敗。穩定、堅持且嚴格遵循這些指示的每位男女，都會致富。生命的增益法則在運作上的確定性，就跟重力法則一樣，致富是一門精確科學。

薪水階級會發現，這個法則對他來說也為真，就像前面提過的任何別人一樣。不要因為你在沒有可見進步機會、薪水少、生活費用又高的地方工作，就覺得你沒有機會致富。對於你想要的事物形成清楚的心靈願景，並且開始帶著信念與決心來行動。做你能做的所有工作，天天如此，並且用完全成功的方式做每一件工作。把成功的力量，還有致富的決心，放進你所做的每件事裡。

可是，這麼做的時候別光想著討好你的雇主，期望他或居於高位的人看到你做得好，就會提拔

你，那是不太可能的。只是一個「好」的工作者，盡己所能勝任他的位置，並且滿足於此，對他的雇主來說很有價值；讓他升職對雇主來說沒有利益，他在現有的位置更有價值。

為了確保自己進步，你必須不只是個大材小用之人。確定會進步的人，是能力高於位置的人，而且對於他想成為什麼有清楚的概念。這樣的人知道他能變成他想成為的人，而且他已下定決心，「就成為」他想成為的人。不要著眼於取悅你的雇主，而是嘗試表現得比你現有的地位還能幹；這麼做的時候，要有讓你自己進步的想法。在工作時、工作後、工作前都要保持變好變多的信念與決心。保持的方式，就是讓每個跟你接觸的人，無論是工頭、同事或社交上的熟人，都感覺到你身上散發出決心的力量；所以每個人都會從你身上得到進步與變好的意識。別人會被你吸引，而如果你現有的工作沒有進步的可能性，你很快就會看到取得另一項工作的機會。

信念和決心會為你帶來出路

　　有一種力量，會萬無一失地把機會給予照法則行動的進取之人。如果你以「特定方式」行動，神也忍不住要幫你；祂必須這麼做，以便幫助祂自己。在你的環境或者工業情境下，沒有任何事物能夠一直壓制你。如果你為鋼鐵聯合企業工作無法致富，你可以在十畝的農場上致富。如果你開始以「特定方式」行動，你肯定會逃過鋼鐵聯合企業的「掌控」，然後去到農場或者你想去的其他地方。

　　如果鋼鐵聯合企業的幾千名員工會遵循「特定方式」行動，聯合企業很快就會處於極糟的衰退狀態，它必須給工人們更多機會，否則就要關門大吉。沒有人必須為聯合企業工作；只有在有人太過無知、不知道致富的科學，或者知性上太懶惰而無法實踐的時候，聯合企業才能夠讓人處於所謂的無望狀態。

請從這種思考與行動方式開始，你的信念與決心，會讓你很快看到任何改善條件的機會。這樣的機會將迅速來到，因為在所有一切中做工的神也為你做工，祂會把機會帶到你面前。不要等待一步到位的機會，期望一次成就你想要成為的一切；要是讓你比現在更進步的機會出現了，而且你覺得被推向它了，就接受它。這會是朝向更偉大機會的第一步。在這個宇宙中，對於一個過著進取生活的人而言，沒有缺乏機會這種事。

　　這是宇宙構造中原本就有的：所有事物都該是為了他存在，並且為了他的好處而共同合作；而他如果用「特定方式」行動與思考，他必定會致富。所以請領薪水的男男女女極度細心地研讀這本書，並且帶著信心進入既定的行動步驟中吧；它不會失敗。

【覺察進步】

1.「一位醫師堅持他的願景,把自己看成偉大成功的療癒者,並且就像前幾章裡描述的一樣,帶著信念與決心,朝著完整實現這個願景而努力工作,他就會跟『生命之源』有極密切的接觸,因此他會極端成功。」以上述成為非凡療癒者的醫生為例,除了金錢財富以外,你會希望豐盛以哪種其他形式,在你的人生中顯化?

2.「確定會進步的人,是能力高於位置的人,而且對於他想成為什麼有清楚的概念。這樣的人知道他能變成他想成為的人,而且他已下定決心,『就成為』他想成為的人。」你是否下定決心要更進

步 —— 在致富之路積極進取？以作者的說法，除了決心，還需要清晰的願景 —— 知道自己想成為怎樣的人，加上信念 —— 你相信自己能夠成為想成為的人，才確定會進步。你準備好要更進步了嗎？在從 1 到 10 的量尺上，分別評估你進步的決心、願景、信念的完成度（1 表示「極少」，10 表示「極多」）。

進步的決心：

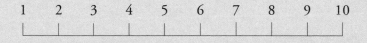

進步的願景：

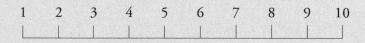

進步的信念：

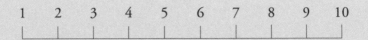

【覺察進步的決心】

3. 「保持（進步的信念與決心）的方式，就是讓每
個跟你有接觸的人，無論是工頭、同事或社交上
的熟人，都感覺到你身上散發出決心的力量；所
以每個人都會從你身上得到進步與變好的意識。」
你曾在誰身上感覺到他身上散發出決心的力量？
那是什麼樣的感受？他有何與眾不同？或許你可
以花點時間觀察他，詢問他關於決心的訣竅並
一一記下來。

4. 作者似乎在表達神的欲望會透過你和其他所有人一個傳一個地接連輻射、擴展出去，你對此有什麼感覺？你是否能聯想到什麼概念，或想像到什麼畫面？閉上眼睛，花點時間感受這些描述在你內在浮現的畫面。

5. 「不要等待機會，一次成就你想要成為的一切；要是讓你比現在更進步的機會出現了，而且你覺得被推向它了，就接受它。這會是朝向更偉大機會的第一步。」你是否正等待完美的機會到來，想要一次就成就你想要成為的一切？為什麼？你等待多久了？等待使你感覺如何？更消極沉重，還是更積極雀躍？

6. 你曾體驗過「朝向更偉大機會的第一步」嗎？那

是什麼樣的機會和心情？

. . . .

7. 工作或生活上，目前有出現讓你比現在更進步的
   機會嗎？且你有感覺到自己被推向它嗎？若以上
   皆是，你是否願意抓住機會呢？為什麼？

. . . .

【覺察定義】

8. 「對於你想要的事物形成清楚的心靈願景，並且
   開始帶著信念與決心來行動。做你能做的所有工
   作，天天如此，並且用完全成功的方式做每一件
   工作。把成功的力量，還有致富的決心，放進你
   所做的每件事裡。」對你來說，何謂成功的力量、
   致富的決心，以及要做的每件事？本書已經快到

尾聲，花點時間探索你的定義，用你習慣的語言文字重新解讀一遍，並回頭看看是否對齊作者的說法。

第 十 六 章

一些提醒，
以及觀察總結

不要擔心被嘲弄，
不要現在操心未來的阻礙

　　許多人會嘲弄「致富是一門精確科學」這個概念；他們抱著財富供應有限的印象，堅持社會與政府機構必須改變，才能讓夠多人得到不愁吃穿的收入。不過這不是真的。既有的政府會讓大眾持續貧窮，這倒是真的，這是因為大眾沒有用「特定方式」思考與行動。如果大眾開始照這本書裡建議的方式前進，沒有政府或工業體系能夠阻止他們，所有體系都必須被修正去適應這種進步運動。

　　如果一個人有著進取的心靈、對於自己能夠致富有信心與下定決心要致富，沒有任何事情會讓他們繼續窮下去。一個人可以在任何時候、在任何政府管的理下採用「特定方式」，讓自己富有。而在任何政府的治下，有夠多人這麼做的時候，就會導致整個體系要被修正，以便為其他人開路。有越多人在競爭層面上致富，對其他人就越糟；有越多

人在創造層面上致富，對其他人就越好。大眾的經濟救贖，只能靠著讓大量人口實踐本書裡的科學方法去致富來達成。這些事情會為其他人指路，並且激發他們追求真實生命的欲望、激發此事能夠達成的信念，以及去達成它的決心。然而就現在而言，知道無論政府、工業資本主義或競爭體系，都不能阻止你致富就夠了。在你進入思想的創意層面時，你會超脫於所有這些事物之上，變成另一個王國的子民。不過請記得，你的思想必須維持在創意層面上，絕對不能有一刻透露出你把供應視為有限的，或者在競爭的道德層次上行動。每當你落入舊思路的時候，立刻糾正你自己，因為在你處於競爭心態的時候，你就會失去和「整體心靈」的合作。

不要花任何時間計畫你未來要如何應付可能發生的緊急事件，除非你把它當成可能影響今日行動的必要方針。你要關心的是用完全成功的方式做今天的工作，而不是明天可能出現的緊急事件，你可以到發生時再處理。

不要操心你該如何超越可能會逐漸出現在事業地平線前方的阻礙，除非你能夠明白看到為了避開阻礙，今天就必須改變你的航道。無論從遠處看一個阻礙顯得有多巨大，你會發現如果你用「特定方式」持續進行，它就會在你靠近時消失，或者會出現一條越過、穿透或繞過阻礙的路。沒有任何環境條件的可能組合，能夠打敗一個沿著嚴格科學路線，朝致富前進的男人或女人。沒有一個遵循這種法則的男人或女人可能會無法致富，就像是沒有人能夠讓二乘二不等於四一樣。

　　不要焦慮地想著可能的災難、阻礙、恐慌，或者不利環境條件的組合，當這樣的事情出現在你面前的時候，你會有足夠時間應對，而且你會發現，每種困難都帶來了克服它自己的必要手段。警惕你的言語。絕對不要用喪氣或者令人氣餒的方式，講到你自己、你的事務或者任何其他事情。

　　絕對不要承認失敗的可能性，或者用推斷有可能失敗的方式說話。

絕對別說自己日子過得很辛苦，或者把生意狀況講得前景可疑。

堅持信念，你會發現失敗只是表象

對處於競爭層面的人來說，日子可能過得很辛苦，生意前景可能很可疑，但對你來說絕非如此；你可以創造你想要的事物，而且是超脫恐懼的。在其他人日子過得辛苦、生意慘澹的時候，你會找到最大的機會。訓練你自己，把世界看成是某種正在「變化」、正在成長的東西；並且把看似邪惡的東西，看成只是還未發展的東西。總是用進步的詞彙來說話；不這麼做就是在否定你的信念，而否定你的信念就等於失去它。絕對別容許自己覺得失望。你可能期待在某個特定時刻擁有某樣特定事物，卻沒在那時得到，而這在你看來會像是失敗。但如果你堅持你的信念，你會發現失敗只是表象。

繼續照特定方式進行，而如果你沒有接收到那樣事物，你會接收到更好上許多的東西，而你會看出表面失敗其實是個大成功。有一位學習這門科學的學生，下定決心要做到某種他當時覺得非常想要的事業，而他工作了好幾週要達成此事。在關鍵時刻來臨時，這件事以一種完全無法解釋的方式失敗了，就好像有某種看不見的影響力在運作，祕密與他對抗。他並不失望，相反地，他感謝神凌駕了他的欲望，然後帶著感激之心繼續穩定工作。在幾週之內，一個好上許多的機會來到他身邊，他無論如何都不會做第一筆交易了。而他看出先前有個比他所知更多的「心靈」，讓他不至於跟較差的狀況扯上關係，因此失去更大的好處。

　　那就是每個表面上的失敗會對你有用的方式——如果你保持你的信念、堅持你的決心、心懷感激，而且每天都做那天可以做到的所有事情，用成功的方式做每個行動。如果你失敗了，這是因為你要求的還不夠，繼續進行下去，你在尋求的更大

事物肯定會來到你身邊。請記得這點。做你想做的事，你不會因為缺乏必要才華而失敗。如果你照我先前的指示繼續做下去，你會發展出做這份工作的所有必要才華。培養才華的科學，不在這本書的處理範圍內，不過，這就像致富的過程一樣確定而簡單。

別因為害怕你到了任何特定位置以後，會敗在能力不足，就猶豫或動搖；要繼續堅持，當你到那個位置的時候，這種能力就會被提供給你。同樣的「能力」來源，讓無人教導的林肯，在美國政府裡做到有史以來靠一個人能達成的最偉大工作，這個來源也對你開放。你可以從所有存在的心靈中汲取智慧，用來達成加諸在你身上的責任。帶著全副信念繼續前進吧。

研讀這本書。讓它一直陪伴著你，直到你精通其中所有概念為止。在你堅定建立這個信念時，你將能夠好好放棄大多數娛樂與樂趣，並且遠離跟這些觀念相衝突的地方。不要讀悲觀或有衝突的文學

作品，或者在這種事務上陷入爭執。除了前言裡提到的作家寫的書以外，盡量少閱讀。把你大部分的閒暇時間花在思考你的願景、培養感激之心，以及閱讀本書上。其中包含了關於致富科學你需要知道的一切，而你會發現，所有根本原則都總結在下一章裡。

【覺察思路】

1. 「一個人可能在任何時候、在任何政府的管理下
   採用『特定方式』，讓自己富有。而在任何政府
   的治下，有夠多人這麼做的時候，就會導致整個
   體系要被修正，以便為其他人開路。」想像一下，
   若你採取「特定方式」，你可能會如何在當前的
   政治體系中變得富有？如果有夠多人都這麼做，
   為了為其他人開路，你們可能會導致當前體系如
   何被修正，社會會如何因應變化？運用視覺化想
   像，感受這一切。

2. 承上題，透過實踐致富科學，等於你可能也替其
   他人打開了　條充滿機會的道路。回想你在採取

「特定方式」思考和行動以服務自己的同時，是否也服務到他人，甚至整個世界？若有，那是在做什麼的時候，也請對自己表達感激。

· ·

3. 「每當你落入舊思路的時候，立刻糾正你自己，因為在你處於競爭心態的時候，你就會失去和『整體心靈』的合作。」花時間仔細檢視，列出你還有哪些競爭心態的舊思維，並用作者提出的致富科學個個擊破，甚至發揮創意，將其翻轉成創造性思維，成為神的子民。

· ·

4. 承上題，同時思考看看：你在落入舊思路時，可以用什麼方式來拉著自己前進？

· ·

【覺察困難與失敗】

5. 「無論從遠處看一個阻礙顯得有多巨大，你會發現如果你用『特定方式』持續進行，它就會在你靠近時消失，或者會出現一條越過、穿透或繞過阻礙的路。」作者表示只要按照「特定方式」思考和行動，原本看似巨大的困難可能會在後來自行消失或是出現解決辦法，你曾經遇過類似的經歷嗎？當下有什麼感覺？你認為為什麼困難最後被克服了，甚至消失了？試著在分析完表面的原因後，探索更深層的原因。

· ·

6. 承上題，你相信這樣的「奇蹟」會持續發生嗎？為什麼？

· ·

7. 「繼續照特定方式進行，而如果你沒有接收到那樣事物，你會接收到更好上許多的東西，而你會看出表面失敗其實是個大成功。」你是否有過「表面失敗其實是個大成功」的經驗？一一列出來。花點時間回顧生命中的「失敗」與「成功」，並覺察出神在其中運作的奧妙。

8.「訓練你自己，把世界看成是某種正在『變化』、正在成長的東西；並且把看似邪惡的東西，看成只是還未發展的東西。總是用進步的詞彙來說話。」試著練習用進步的觀點來看見真理，並重新用進步的詞彙詮釋目前的工作與生活。

9. 當你因感到挫敗，你可以做些什麼提振心情，使自己從失敗、失望的感受中脫離，再次看見致富

的希望？列出你的「解救清單」。

【覺察能力】

10.「別因為害怕你到了任何特定位置以後，會敗在
能力不足，就猶豫或動搖；要繼續堅持，當你到
那個位置的時候，這種能力就會被提供給你。同
樣的『能力』來源，讓無人教導的林肯，在政府
裡做到有史以來靠一個人能達成的最偉大工作。」
你讀過林肯的傳奇故事嗎？你認為資源不足的林
肯，為何能完成偉大的工作？他跟你有什麼不一
樣？他的力量來自於什麼？

11.研究其他先前沒有什麼才華，卻逐漸在自己領域

中變得卓越的歷史名人，並思考他變得偉大的原因。

∶∶∶

【覺察實踐】

12.「研讀這本書。讓它一直陪伴著你，直到你精通其中的所有概念為止。」檢視你目前對於致富科學的實踐，完成了多少？在從 1 到 10 的量尺上，分別評估你的完成度（1 表示「極少」，10 表示「極多」）。

∶∶∶

考量你的願景：

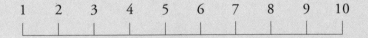

培養感激之心：

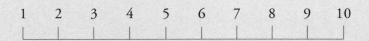

閱讀本書：

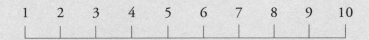

13.你願意放棄你大部分的閒暇時間，實踐這門科學
　　嗎？在從 1 到 10 的量尺上，分別評估你的意願（1
　　表示「極少」，10 表示「極多」）。

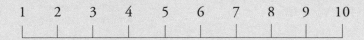

第 十 七 章 ——————————————
致富的科學摘要

存在一個會思考的實體，所有事物都是從中創造出來的，而這思考實體以其原初的狀態，瀰漫、滲透並填滿了宇宙中的間隙。在這個實體中，一個思想製造出思想所想像的事物。人可以在思想中塑造事物，並透過把思想銘刻在無形實體之上，使他所想的事物被創造出來。

為了做到這件事，人必須從競爭心態過渡到創造心態；否則他無法跟精神上總是充滿創造性、決不求競爭的無形智慧處於和諧狀態。人要對於無形實體給予他的祝福，保有活躍而真誠的感激，藉此跟無形實體處於完全和諧狀態。感激把人的心靈跟實體的智慧統合起來，所以人的思維會被無形實體接收到。人只能透過深切而持續的感激之情，把自己跟無形實體統合在一起，從而讓自己維持在創意層面。

人必須對他想去擁有、去做或者去成為的事物，形成清楚確定的心像；而且他必須在思想中堅持這個心像，同時深切感激神，把欲求的一切都給

予了他。想要致富的人必須用閒暇時間深思他的「願景」，並且誠心感恩這個現實被賜給了他。經常深思心像，再加上不動搖的信念與由衷的感激，這些做法的重要性再怎麼強調都不為過。正是透過這個過程，人將形象傳遞給了無形實體，創造性力量開始發動。創造性能量透過自然成長、還有工業與社會秩序的既有管道起作用。對於遵循前述指示、而且信念沒有動搖的人，在他心像中的所有事物，肯定都會帶到他身邊。他想要的事物，會透過既有貿易與商業的方式來到他身邊。

人必須積極主動，以便在自己的東西來到身邊時加以接收；而這種活動性，只能存在於他的能力超出現有位置的情況下。他必須保持決心，要透過實現他的心像來致富。而他每天都必須做那天能做的所有事情，小心翼翼用成功的方式做每個行動。他必須給每個人的使用價值，都多於他接收到的現金價值，好讓每次交易都讓生命變得更好更多；而他必須維持進步的思想，好讓變得更好更多的印象

傳達給他接觸到的所有人。

　　實踐前述指示的男女肯定會致富。而且他們
接收到的財富，會跟他們的願景明確性、決心穩固
性、信念堅定性、還有感激的精準度相符。

致富練習

1. 當你完整瞭解了致富的科學，你可以如何協助自己實踐和精進？花點時間回顧你在前面篇章寫下的答案，做一個統整的結論，你也可以將內容濃縮成一份禱詞、宣言，或者以拼貼、歌曲或你可能想創造的任何形式，幫助自己活用這份智慧和引導。

【覺察阻礙】

2. 既然致富的科學提倡每個人只要願意採取「特定方式」思考和行動都會致富，那致富的困難和阻礙便只可能來自於你自己。你認為自己在實踐致富的科學上，最大的困難是什麼？什麼會大大阻礙你相信自己的願景會實現？什麼會干擾你深思

願景？覺察與探索你的負面信念，並盡最大可能
協助自己轉化想法。

....

3. 承上題，若最大的阻礙在於你基於各種原因而不
   相信自己能夠致富，去找出反例以積極捍衛自己
   的致富權利。例如你認為自己的學歷不夠高因此
   無法致富，那去找出學歷不高但致富的例子，若
   你仍感到糾結，認為那個例子雖然學歷不高但長
   相姣好，所以致富，那麼就找出學歷不高且相貌
   普通的例子，以此類推。

....

【覺察負面信念】

4. 換個角度來探索，如果你始終無法致富，你認為

可能會發生什麼壞事？或是可能會錯過什麼？列
成一個清單，檢視其中有哪些項目其實並非與你
的欲望有關，有哪些可能只是你加諸給自己的框
架，哪些可能不是你的責任，甚至不關你的事？
比如認為不致富，就無法讓爸媽感到驕傲。

5. 承上題，有哪些項目其實在尚未致富的時期也能
做到，或是可以換個方式做到？ 比如你認為無法
致富，就無法讓爸媽感到驕傲，但可能可以用其
他形式讓爸媽驕傲，甚至你親口去問問爸媽你該
怎麼做他們才會感到驕傲，說不定你早就是他們
的榮光。

6. 再來，學習區分自己真正的欲望。問問自己：為

什麼我需要讓爸媽感到驕傲？或你任何其他的欲望，可能都是表面的欲望，而深層的欲望更可能是希望自己被肯定、被愛或是感到安全。那麼肯定自己、愛自己、讓自己安全就有千百種方式，不一定必須是「讓爸媽驕傲」的形式，因為別人的心情、感覺是無法控制的。

7. 繼續深入探索：你認為如果無法致富，可能會有哪些好處？為什麼？

8. 你認為如果成功致富了，有哪些問題會消失不見？有哪些問題會持續存在？為什麼？甚至致富可能會帶來哪些壞處？為什麼？只要你對自己有充足的好奇心，以及致富的決心，你便可以用各

種問句、各種角度來為自己深入真實，覺察並翻轉信念。

．．

【覺察旅程】

9. 你很可能會發現，致富科學的實踐之路其實是一場自我探索和療癒的旅程。不過在這裡恭喜你已經為自己的福祉主動讀了這本書，並完成這份閱讀指南，你一定還可以繼續帶自己去更好的地方、看更廣闊的世界，誠摯祝福你。

．．

心得筆記

致富的科學

打造顯化財富的精準思維，億萬富翁床頭必備的成功寶典
The Science of Getting Rich

作　　　者　華勒斯・華特斯 (Wallace D.Wattles)
翻　　　譯　吳妍儀
清 單 撰 寫　愛必
封 面 設 計　vicky
內 頁 排 版　高巧怡
行 銷 企 劃　蕭浩仰、江紫涓
行 銷 統 籌　駱漢琦
業 務 發 行　邱紹溢
營 運 顧 問　郭其彬
副 總 編 輯　劉文琪
出　　　版　地平線文化／漫遊者文化事業股份有限公司
地　　　址　台北市103大同區重慶北路二段88號2樓之6
電　　　話　(02) 2715-2022
傳　　　真　(02) 2715-2021
服 務 信 箱　service@azothbooks.com
網 路 書 店　www.azothbooks.com
臉　　　書　www.facebook.com/azothbooks.read

發　　　行　大雁出版基地
地　　　址　新北市231新店區北新路三段207-3號5樓
電　　　話　(02) 8913-1005
訂 單 傳 真　(02) 8913-1056
初 版 一 刷　2024年5月
定　　　價　台幣350元

ISBN　978-626-98213-7-2
有著作權・侵害必究
本書如有缺頁、破損、裝訂錯誤，請寄回本公司更換。

國家圖書館出版品預行編目 (CIP) 資料

致富的科學：打造顯化財富的精準思維, 億萬富
翁床頭必備的成功寶典 / 華勒斯.華特斯(Wallace
D. Wattles) 著；吳妍儀譯. -- 初版. -- 臺北市：
地平線文化, 漫遊者文化事業股份有限公司出
版；新北市：大雁文化事業股份有限公司發行,
2024.05
　　面；　公分
譯自：The science of getting rich.
ISBN 978-626-98213-7-2 (平裝)
1.CST: 自我實現 2.CST: 成功法
177.2　　　　　　　　　　　　　113006486

漫遊，一種新的路上觀察學
www.azothbooks.com
　漫遊者文化

大人的素養課，通往自由學習之路
www.ontheroad.today

漫遊者文化・線上課程